本书获江苏高校立德树人协同创新中心项目支持

教育信息化2.0
教 学 设 计 师

恽如伟　戎年中　著

南京师范大学出版社

NANJING NORMAL UNIVERSITY PRESS

图书在版编目(CIP)数据

教育信息化2.0教学设计师 / 恽如伟,戎年中著.——
南京：南京师范大学出版社,2019.6
ISBN 978-7-5651-4238-3

Ⅰ.①教… Ⅱ.①恽… ②戎… Ⅲ.①教育工作－信
息化－教学设计－研究 Ⅳ.①G43

中国版本图书馆 CIP 数据核字(2019)第 118417 号

书　　名	教育信息化2.0教学设计师	
著　　者	恽如伟　戎年中	
责任编辑	王　艳	
出版发行	南京师范大学出版社	
地　　址	江苏省南京市玄武区后宰门西村9号(邮编:210016)	
电　　话	(025)83598919(总编办)　83598412(营销部)	
	83373872(邮购部)	
网　　址	http://press.njnu.edu.cn	
电子信箱	nspzbb@njnu.edu.cn	
印　　刷	江苏中山印务有限公司	
开　　本	880 mm×1230 mm　　1/32	
印　　张	7.875	
字　　数	197 千	
版　　次	2019年6月第1版　2019年6月第1次印刷	
书　　号	ISBN 978-7-5651-4238-3	
定　　价	58.00 元	

出 版 人　彭志斌

序　言

　　随着我国教育信息化的持续推进和信息化设施投入的不断加大,信息技术在教育领域逐渐普及,信息技术、互联网、人工智能与教育的结合也逐渐深入。但是,为什么信息技术在教育领域的投入很大,却没有产生像在生产和流通领域那样的效果呢? 我国教育信息化担负着与其他领域信息化共同推进经济和社会发展的重任,要推进我国教育信息化的持续发展,实现以教育信息化带动教育现代化的教育变革,必须深入分析在我国教育信息化推进过程中,信息技术在教育领域普及应用的现状和瓶颈。

　　中国信息协会教育分会在这方面进行了三年的调查研究与探索。笔者曾经与中国信息协会教育分会副会长、国家语委中国语言智能研究中心主任周建设教授等人,到江苏南京、丹阳及湖南攸县等地区进行调查研究。2018 年 4 月 27 日,笔者与中国信息协会教育分会常务副会长丁书林,副会长宋东茂、尤丹立等一行 7 人,到江苏丹阳进一步考察南京师范大学智慧教育研究院院长恽如伟教授和丹阳市教师发展中心校长戎年中主任开展的智慧课堂教学项目。三年来,我会召开了四届未来教育高峰论坛,举办了若干相关中小型研讨会。大家一致认为,一线教师的信息化教学水平,决定了教育信息化的深入程度与教育教学效果。

　　教育教学改革的重点与难点是教学,教育改革落到实处在于教学;教育信息化落到实处也在于教学。所有在云端上跳舞的教育改革,都不可能取得理想的效果。

中国信息协会教育分会在调查研究的基础上,研制了三版信息化教学设计师培训方案并付诸实施。尤其是 2018 年 11 月与丹阳市教师发展中心合作,共同开展的以"信息化教学设计师"为主题的师资培训活动,取得了理想效果。

这次培训的方案是在与恽如伟教授结合近年开展的智慧课堂教学实践经验的基础上,联合完成的第三版信息化教学设计师的培训方案。这是一个多次被实践证明非常有效的培训方案。恽如伟教授与戎年中主任等专家团队,在调查研究与培训讲课实践的基础上,撰写了《教育信息化 2.0 教学设计师》培训教材,提出了分层次推进教师信息化能力的培训思路,并介绍了多任务混合式精准课堂的教学方案,通过设计任务、开展活动进行课堂教学,信息技术自然而然地支持课堂教学活动。

信息技术和学科的融合,关键问题是课堂教学活动的设计,该教材不但解决了信息技术和学科教学的融合问题,而且创新性地提出了"信息技术应该围绕教学活动开展设计,从而有效地解决信息技术和学科教学融合"的问题。

该教材在实践的基础上,进一步地系统化与理论化,为促进信息技术与教育教学的深度融合,推动信息技术促进教育改革与发展,促进教育公平、教育均衡发挥了积极作用;尤其是为推动学生个性化发展探索出了一条可行之路,值得充分肯定与推广。

2019 年 5 月 21 日

(作者系中国信息协会教育分会会长)

前　言

　　在教育信息化 2.0 时代,大数据、人工智能等技术正在越来越多地融入教育,如何运用现代信息技术手段优化课堂教学,这涉及课堂教学的剖析解构与重新设计。只有通过教师的教学设计,才能将微观的学生特点、学科内容、技术手段、课堂环境与宏观的教育理念、育人方向结合起来,形成具体完整的教育信息化 2.0 时代的课堂。因此,教师需要从传统的知识灌输者转变为基于大数据和人工智能的课堂教学引导者和诊断者。教师不仅是课堂教学的演讲者,更是课堂教学的设计师。

　　这里之所以要提"教学设计师",是因为它体现了一种教师角色的转向以及能力重心的转移。相比于传统"传道授业解惑"的教师形象,未来教师要为学生设计多样化的学习活动,营造适宜的并且能够支持学生全面发展的学习环境;为学生设计个性化的学习计划,指导学生快速获取学习资源、高效加工学习信息、自主调整学习进度及策略;为学生设计问题解决情景和思考方法,培养学生创造性地解决真实问题、复杂问题的能力等。具体而言,"教学设计师"在备课上体现了系统设计与开放生成的统一;在教学过程上体现了技术创新运用与学科教学深度融合的统一;在教学效果上体现了自身精准化教学与促进学生个性化学习的统一。能够运用系统科学和

1

教学设计的方法,对教学流程、教学内容、教学策略、教学媒体与手段等有机整合,重构课堂的结构,进而极大限度地释放信息技术的教育潜能,满足新时代对人才培养的需求。

本书立足于我国当下的教育信息化课堂教学改革实践,梳理了国内外近年教育信息化研究的大量文献,在深入把握教育信息化 2.0 内涵的基础上,结合国内外相关教师的 ICT 能力模型,提出了会用、融合、创新的教师能力三阶水平。在近 4 年的教学实践研究的基础上提出并完善了多任务混合式精准教学模型。同时,为了方便教师开展教学实践,本书还提供了小学、初中部分学科的教学设计和课堂教学视频以及由南京师范大学智慧教育研究院参与合作研发的学正智慧课堂教学平台操作介绍。最后结合信息时代的教师角色定位,本书还对如何提升教师 ICT 能力,应对未来教育信息化的变革,提供了一些策略和方法,以供参考。

本书使用建议:

教育管理者可以选择阅读第一、第二、第三和第六章,并围绕相关章节后的思考与讨论题展开交流,从而把握教育信息化发展的宏观趋势、理解信息化时代推进课堂教学改革的关键点,以及了解该如何提升教师的 ICT 能力,以适应未来教育信息化发展的要求。

教师可以选择阅读第一、第二、第三、第四和第六章,并围绕相关章节后的思考与讨论题展开交流。通过阅读了解教育信息化 2.0 背景下教师的能力发展要求,以及从哪些方面提高自身的 ICT 能力以适应信息时代的教学需求。同时,本书提供了一定的案例示范,教师可以通过这些案例从会用、融合和创新三个步骤来提升自己的 ICT 能力。有学正智慧课堂教学平台的学校,教师可以通过阅读第五章掌握智慧课堂教学平台操作,在实际教学中将信息技术和学科教学进行有效融合,推动学校课堂教学的改革创新。

　　大学生和研究生建议阅读全部章节,大学生可以在阅读的基础上围绕相关章节后的思考与讨论题展开交流,通过教学案例开展相关学科的教学设计,并结合智慧课堂教学平台进行课堂教学试教,提高自己的 ICT 能力来适应信息时代的教师能力要求。研究生可以在阅读的基础上,围绕章节后的思考与讨论题展开相关的课题研究,为教师 ICT 能力研究领域添砖加瓦。

　　本书在撰写过程中得到了各地的大力支持,丹阳市提供了近 4 年的教学实践支持,南京市雨花台区提供了近 2 年的教学实践支持,南京市建邺区、镇江市和连云港市提供了近 1 年的教学实践支持,还有苏州市、常州市、扬州市和南通市以及南京的其他地区等部分学校提供了部分作品、课例和教学实践支持,这里一并表示感谢!

　　本书在撰写过程中得到了多位研究生的帮助:研究生陆叶丰、徐维炯、王文静、王庆丽、王晴在研究生课程中围绕各部分内容展开了充分讨论,并参与了本书部分章节的资料收集和撰写;研究生陆叶丰、易素萍、胡嫚参与了本书的校对工作;研究生陆叶丰全程参与了本书的整理工作。还有其他研究生在此就不一一罗列,这里对所有为本书撰写提供帮助的研究生表示感谢!

　　本书在撰写过程中也得到了许多学者的指导:中国信息协会教育分会会长周长春教授、国家语委中国语言智能研究中心主任周建设教授多次到丹阳指导开展智慧课堂教学改革实践研究;南京师范大学教育科学学院李艺教授也多次到丹阳指导开展智慧课堂教学改革实践研究,并对本书的撰写提供了许多建设性的指导意见;还有镇江市教研室主任朱春晓,以及指导开展教学实践研究的各地教研员和参与实验学校的领导和老师，这里一并表示感谢！

本书在撰写过程中参考了近年来关于教育信息化的大量研究文献和政策文件，在书中都进行了标注，并在书后参考文献中一一列举；部分优秀内容因为笔者无法准确归纳而选择精彩片段作为阅读材料放在书中供读者自己阅读。笔者力所能及地与相关作者和出版社进行了联系，如涉及版权和费用问题以及遗漏标注问题请相关作者和出版社联系笔者处理，并在后面的修订版中予以改正。

笔者试图通过本书努力将近年国内外教育信息化的研究成果、政策文件、自己开展智慧课堂的教学实践研究成果呈现给大家，但由于能力所限，难免有观点表述不清、文献应用不当和研究有缺陷等问题，恳请读者理解并欢迎指教，笔者也将在后面的修订版中完善。

本书可以作为中小学教师信息技术应用能力培训教材，可以作为师范生教育技术课程教材，也可以作为研究生开展教育信息化和教师 ICT 能力研究的参考教材。

目 录

第一章

机遇与挑战

信息时代的课堂教学变革

第一节　时代的呼唤
——信息化社会特征及变革

一、信息时代的到来

纵观人类文明发展史,科学技术作为轴线贯穿其中,从农业时代到工业时代,再到今天的信息时代,每一次变革都伴随着科技的新突破。基于核心技术变革的视角,一般认为人类社会已经发生过四次重大的"技术革命"。第一次是 1780—1910 年的机械化革命,以蒸汽机技术为核心;第二次是 1911—1945 年的电气化革命,以电子技术为核心;第三次是 1946—1975 年的自动化革命,以计算机技术为核心;第四次是 1976 年开始的信息化革命,以数据通信技术和网络技术为核心。[①] 基于生产方式视角,有学者将目前的时代发展划分为农业时代、工业时代、信息时代三阶段,并对每一时代的特点等进行了总结概括,见表 1-1。[②]

表 1-1　时代发展脉络及特征

阶段	时代特征
农业时代 （18 世纪中叶之前）	科学技术水平较低,国民经济以农业为主,农业生产工具以手工工具为主,动力则以人力和畜力为主;人们的衣食住行主要依赖农业,工业则处在以手工作坊为主的萌芽时期;人们的时间观念淡薄,习惯于向后看,注重经验,靠经验种田,经验就是财富

---

① 赵永青.浅谈信息技术革命与社会变革[J].哈尔滨市委党校学报,2010(3):48-49.

② 夏立容.信息时代与信息科学[M].武汉:湖北教育出版社,1998:5-9.

阶段		时代特征
工业时代 （18世纪中叶 —19世纪末）	**机械化时期** （18世纪中叶以后）	科学技术水平明显提高，工业生产乃至农业生产都实现了机械化的社会化大生产；国民经济的主要来源由依靠农业转为依靠工业，城乡差别逐渐扩大，劳动力逐渐向城市转移，人们的衣食住行也逐渐转到主要依赖工业；工业生产的突出特点是资本密集化，资本家占有大量剩余价值，金钱成为财富和权力的象征；人们的时间观念增强了，开始注重实际，注重今天
	电气化时期 （19世纪中叶以后）	
信息时代 （20世纪初）		以现代科学技术群的出现为背景，以信息的快速传递、加工、利用为动力，新理论、新技术层出不穷，并与传统科学技术交相辉映；量子力学、相对论、分子生物学等基础理论方面的重大突破，使得科学技术向高精尖方向迅速发展；微电子技术、计算机技术、激光技术、遥测遥感技术、卫星技术、航空航天技术、广播电视技术、网络技术、新能源技术、新材料技术等等，以空前未有的威力推动着经济和社会的高速发展，同时也深刻地影响着社会的政治经济结构以及人们生活方式和文化、心理状态的改变

无论时代发展阶段如何划分，信息时代的到来已成为必然。科学与技术的突破，又一次掀起了社会的变革浪潮，其来势之汹涌如排山倒海般势不可当。

阅读材料：1-1

从可以跟你聊天的"小冰"到能帮你开电视的智能音箱，从机器翻译到智能教育，从刷脸支付到无人驾驶，从可穿戴设备到智能医疗……人工智能已经全面走入人类的生活，广泛渗透到生产和生活的各个领域，并不断刷新人们的想象力。

在新闻领域,基于大数据和人工智能的个性化推荐已成为不少新闻 APP 的标配,写稿机器人、智能视频剪刀手等生产工具也在不断涌现;在教育领域,人工智能已经被应用在批改作业、语言学习等教学项目,探索"私人订制""千人千面"的个性化学习模式;在语音识别和翻译领域,翻译软件已经可以支持全球数十种热门语言互译、覆盖几百个翻译方向;在金融领域,生物识别技术的应用使得刷脸支付已成为现实,以较低成本提供个性化专属财富管理方案的智能投顾也已在不断发展中;在物流领域,智能分单、智能配送机器人、无人仓、无人机等产品和服务,已在不断帮助快递业提升物流速度和服务水平;在零售领域,除了无人超市等吸引眼球的探索性应用外,人工智能还被用来对超市的生鲜商品进货量进行预测;在交通领域,除了地图、导航等应用外,备受关注的无人驾驶也有了新的进展;在医疗领域,利用 AI 和大数据的能力,可以让机器筛查和分析医学影像,来辅助医生诊断……①

信息时代是以信息为社会发展的基础动力,以现代电子信息技术为实现信息社会的手段,以信息经济为社会存在和发展的主导经济,以信息文化改变人的教育、生活和工作方式以及价值观念和时空观念的新兴社会形态。② 信息时代的到来是科学技术迅猛发展的必然结果,虽是缤纷繁杂却乱中有序,呈现出信息时代区别于其他时代的显著特征。在信息时代,信息资源正成为推动社会发展的第一资源,它已逐渐成为衡量一个国家综合实力的重要指标。信息技术作为信息资源的一种重要存在方

---

① 张意轩."人工智能+"时代来了吗[N].人民日报,2018-01-29.
② 邱永明,蒋振贤.信息时代特征与人才成长的变化[J].人才开发,2006(10):18-19.

式,直接或间接地改变着社会的经济结构、生产和生活方式,推动着经济发展和社会进步。其主要表现在信息技术带来了生产力的变革。与传统工业生产力相比,信息生产力具有更复杂的技术基础,能更好地满足当代人的个性化需求,更符合人类文明发展进步的方向。

信息生产力发展的重要表现,不仅表现在生产效率的显著提高,还体现在整个社会范围内信息的深度共享,其中最为明显的是信息产业的崛起。随着全球化进程的推进,信息产业已逐渐成为全球发展速度最快、从业人员最多、规模扩展最为迅速、创造财富最多的产业。21世纪初,西方发达国家的信息产业增加值已占国民生产总值的一半或一半以上。据统计,2013年我国仅电子信息产业销售收入就达12.4万亿元,占GDP的1/5以上,成为国民经济的重要支柱。信息时代带来的不仅仅是信息资源、信息技术和信息产业的发展,更带来了信息文化的繁荣。互联网、手机媒体等已然掀起了一股网络浪潮,网络游戏、网络动漫、网络音乐、网络影视等迅速崛起,逐渐打破了文化垄断和文化特权现象,信息文化已成为引领社会进步的第一文化。①

信息科学技术从它诞生发展到今天,不到半个世纪,但几乎在人类社会的所有领域发挥了重要作用,彻底改变了人们的生活方式。

阅读材料:1-2

材料一

信息生产力是由信息劳动者、信息技术和信息网络以及适应生产和生活需要的信息资源形成的新型社会化的生产能力,是当代最活跃、最重要的核心生产力。其对社会经济

---

① 李世东.论信息时代的六大特征[J].中国信息界,2014(9):72-78.

的影响极其深刻,统计表明:资本投入量增长 1%,将使 GDP 增长0.725%;劳动投入增长 1%,将使 GDP 增长 0.253%;信息化投入增长 1%,将使 GDP 增长 1.139%。三种要素中,信息化投入对经济增长的贡献率最大,是资本投入贡献率的1.6 倍、劳动投入的 4.5 倍。

材料二

在信息社会中,信息型劳动成为主要的从业方式。从整个社会就业结构来看,从事信息化的人数越来越多,如美国从事信息劳动的人口已占总劳动人口的 60% 以上,信息化劳动者规模第一。信息工作已经覆盖到了社会、经济、生活等各方面,其工作涉及面广、关联度强、覆盖面大、渗透性强,已成为当今社会主要的劳动方式,可以说是无处不在。信息消费是拉动就业的大平台,到 2015 年,信息消费将实现 900万个新增就业岗位,提供 2 500 万个间接就业岗位。目前,淘宝网店客服人数已经达到 284 万人,但是仍有 60 万的岗位缺口,仅一个淘宝就直接和间接帮助超过 1 000 万人实现就业。[①]

二、信息时代的教育变革

信息时代有着区别于农业时代和工业时代的两大显著特点。其一,人类社会处于史无前例的知识爆炸时代。知识的产生与积累,均以几何级数迅速增长。2005 年,日本文部省对"知识导向的社会"(Knowledge-based Society)做了精辟的概括,它包括以下几个基本特征:(1)知识无国界并且全球化的趋势进一

---

① 李世东.人类正迈入"六个第一"的信息时代[N].学习时报,2014-09-29.

步推进;(2)知识日新月异,竞争和技术创新不断产生;(3)知识的进展往往伴随着原有范式的转变,基于广泛知识和灵活思考能力的判断变得尤为重要;(4)参与的群体在不断扩大,不论性别和年龄都将被卷入其中。其二,现代社会迎来了科学技术的空前繁荣与发达,科学技术成为第一生产力。与此同时,为了满足社会发展的需求,相应的人才素质、规格也必须适应产业结构、技术结构。以人才类型为中心,整个社会的岗位结构都在快速地变动。尤其是教育,教育是人类社会发展的动力和基础。人类社会的每一次跨越式发展都伴随着相应的教育大变革。周洪宇、鲍成中两位学者基于人类自身发展和社会发展的视角,从教育目的、教育组织、教育内容、教育方式、教学规模五个方面出发,总结概括了人类教育变革历程:首先是与原始部落相适应的落后的、群居式的"原始集体教育",其次是与农业文明相适应的个别化的、个性化的、分散的农耕教育,再次是与工业文明相适应的规模化的、标准化的、集中化的、班级授课式的集体教育,直到现在与未来生态文明相适应的个性化的、分散化的、网络化的、生命化的个体教育。① 同样,黄荣怀、刘德建等学者回顾了人类文明进程中的教育形态变迁(如表1-2所示),深入分析了工业时代和信息时代教育的关键特征。② 以上学者皆以人类文明历史发展脉络为轴线,梳理总结了每个时代背景下的教育变革。

表1-2 人类文明进程中的教育形态变迁

	原始社会	农业时代	工业时代	信息时代	智能时代
动力系统	顺应环境求生存	改造环境求生活	习得技能成职业	个人终身发展	人类利益共同体

---

① 周洪宇,鲍成中.扑面而来的第三次教育革命[J].辽宁教育,2014(16):10-12.

② 黄荣怀,刘德建,刘晓琳,徐晶晶.互联网促进教育变革的基本格局[J].中国电化教育,2017(1):7-16.

	原始社会	农业时代	工业时代	信息时代	智能时代
学习内容	生存技能 部落习俗	农耕知识 道德规范	制造技能 科学知识 人文素养	信息素养 自主发展 社会参与	学习能力 设计创造 社会责任
学习方式	模仿、试错/ 体验	阅读、吟诵 领悟	听讲记忆 答疑解惑 掌握学习 标准化	混合学习 合作探究 联通学习 差异化	泛在学习 协同建构 真实学习 个性化
学习环境	野外 时间不定	书院等 固定时段	学校/工作 场所 确定性时间 和教学周期	学校/网络 空间 弹性时间	无边界的/ 任意地点 任意时间

另外,李和平、邱婷等学者基于教育观念、学习方式和师生角色等视角,论述了信息时代引发的教育变革。[①]

(一) 教育观念的变革

教育观念是"指按一定时代的政治、经济、文化发展的要求,反映一定社会群体的意愿,对教育功能、教育对象、人才培养模式、教育体制、教育结构、教育内容、教育过程及方法等根本问题的认识和看法"[②]。信息时代教育观念的变革来自于新时代人才素养需求的重构,信息时代对人才素质结构的偏向提出了新的要求,这种要求集中体现在与信息技术相关的知识、能力、情感和态度方面。研究报告《21 世纪的竞争》(*Competition in the 21st Century*)认为,信息时代需要 10 个方面的技能:传播技能、革新与创新能力、团队协作与组织能力、信息管理能力、信息技术素养、视觉素养、问题解决能力、决策能力、知识开发与管理能力和经营才智。正是基于此,树立全面发展、全体发展、个性发

---

① 李和平,邱婷,钟志贤.论信息时代与教育的变革[J].外国教育研究,2005(11):12-16.

② 裴娣娜.对教育观念变革的理性思考[J].教育研究,2001(2):4-7.

展和可持续发展的素质教育理念再一次被提上议程,教育必须把每个学生都看成有独立人格的个体,要为每个学生的主体性创设条件,使每个学生在原有基础上都得到充分发展。与此同时,教育评价观念也有了新的突破。传统的教育质量测评观念局限于书本知识,强调认知技能,忽视对情感技能、人格品质的熏陶,倚重量化;评价主体单一,评价重心过于关注结果。现在更多的是以促进学习者发展为宗旨,评价学生在学习过程中的主动性、个体性和创造性、元认知和反思能力、独立思考能力、分析判断能力、信息能力和发展新知识的能力等等,更加复杂多元。

（二）　学习方式的变革

学习方式是指影响学生从事学习活动的相对稳定的形式,是学习方法、习惯、意识、态度、品质等心理因素的总和。信息化时代呼唤新型的学习方式,新兴技术在学习中的深入应用,为学习方式的变革提供了思想和方法上的愿景,能够促进传统单一、被动的学习方式转变为自主、合作、探究的学习方式,有利于增强学习者参与学习过程的积极性,并形成良好的认知和情感体验。传统的学生学习自主性不够强,模式也比较单一,知识的获取渠道限于书本和教师,而且学习时间和空间也比较集中。信息技术的发展给学生学习和获取新知识提供了很多可能,学习方式更加多元与个性化。首先表现在学习媒介的丰富多样。学生在日常生活中就可以潜移默化地学习很多知识,学生有更多、快捷、便利渠道获取知识和解决困惑。其次表现在学习伙伴的多样。除了同学、老师外,机器人在教育领域的应用使得学生多了一个学习伙伴。随着机器人技术的革新,机器人的数字化、智能化程度不断提高,机器人在学习中的角色也在不断变化,它同时扮演益智学习工具、情境建设者、学习伙伴等多个角色。机器人的加入使学习变得更加具有趣味性,能在很大程度上提高学生学习的积极性和主动性。

（三） 师生角色的转变

信息时代构造了崭新的教学图景,对传统的师生角色提出了转型的要求。在信息技术和相关教学理论的联动下,教师的角色正在发生变化。教师渐渐从传统的知识传授者与灌输者角色转变为学生的导师、意义建构的促进者、课程的开发者、合作者、信息资源的设计和查询者、学生的学术顾问、研究者和学习者等角色。同样,为适应信息时代的学习环境,学生角色也发生了重大转变,不再仅是传统的知识接受者的角色,而应该是协作的学习者、交流的学习者、情境的学习者、反思的学习者。学生要学会主动运用信息化辅助工具、认知工具或通过自己制作媒体的过程等获取信息、建构知识。学习者要学会通过社会交流媒介,如计算机会议(CC)、计算机支持的协同工作(CSCW),形成学习者共同体。学习者、实践者、教师、各领域的专家在协作交流中相得益彰、共同提升。

阅读材料:1-3

随着人工智能在教育领域应用日益广泛,人工智能必将引发教育模式、教学方式、教学内容、评价方式、教育治理、教师队伍等一系列的变革和创新。

人工智能改变了教学评价方式。利用人工智能技术,可以提供更加多元的过程化教学评价,使评价手段更加丰富、评价过程更加科学、评价结果更加准确。智能教学助手和智能评测系统的协同,可以为学生提供全面的学习诊断,并配之以及时精准的学习干预,从而真正实现教学的规模化与个性化统一。

人工智能显著提升教育治理水平。人工智能在教育管理领域的深度应用将让管理服务更聪慧。教育管理信息化和智能化可有效支撑教育管、办、评分离,提升教育公共服务水平,促进教育治理能力和治理体系现代化。立足教育大数据的人工智能,通过教育教学过程的数据采集、建模、智能分析和系统化的分析,实现教育教学决策的科学化、资源配置的精准化。

人工智能全面改变了教师角色。人工智能与教育的深度融合使教师角色被赋予了新的时代内涵。人工智能不会直接取代教师,但通过"人—技"结合可以使教师从繁重的知识传授中解放出来,从事更具创造性的德育和能力培养等工作。智能时代对教师能力的要求也相应发生巨大变化,对教师信息素养的要求被提升到前所未有的重要地位,教师能力标准将被重新定义,对教师的职业要求将全面更新。①

总之,信息时代科学技术的发展以直接或间接的方式改变着人们学习、工作、生活的方式。教育作为知识文化传播的重要活动,在面临科学技术的变革之际,肩负着推动社会、引领未来的重任。新的时代背景已在催生前所未有的教育变革,"过去未去,未来已来",我们已在十字路口。

第二节　教学的重构
——传统课堂面临的挑战

随着社会的发展,人类已然进入信息时代。然而,就我国目前的教育信息化实践而言,除了引入 PPT 和投影仪外,课堂几

---

① 杨宗凯,吴砥.人工智能促进教育创新[EB/OL].(2018-11-20).http://epaper.gmw.cn/gmrb/html/2018-11-20/nw.D110000gmrb_20181120_2-13.htm.

乎没有发生任何变化,传统课堂的局限性也日益凸显。以下情景,相信各位老师再熟悉不过了:

课前,教师根据教学经验完成备课。课堂上,教师将准备好的新知识按计划讲给学生,学生听讲、记录。教师在讲授过程中会穿插提问,学生的回答如果正是教师预设的答案,会得到表扬;如果没有"正中下怀",教师会继续"启发"或提问下一位学生,直至得到自己想要的答案。能有机会发言的毕竟只是部分学生,教师会从他们的回答情况推断全班学生知识掌握的程度。因为教师无法真正在课堂上照顾到每位学生的需求,一般会"抓中间,促两头",认为大部分人已掌握就不错了,所以,部分学生因被冷落而变得心不在焉。下课前,教师能将事先准备好的教学内容讲完即完成本节课的教学任务,整堂课如果全班学生有多次异口同声的回答则意味着师生互动频繁。课后,学生完成作业,少部分优秀学生"吃不饱",会自己找题做;一部分后进生没学会,常常抄作业。第二天所有作业上交给教师批改,教师下次课上讲解反馈。

鲁永进、黄秀娟通过以上对传统课堂教学模式的描述,诊断出传统课堂存在五点局限性:第一,基于经验的学情分析;第二,一成不变的教学预设;第三,非对称性的单向交流;第四,步调一致的学习进程;第五,粗略滞后的评价反馈。[①]

余文森从传统课堂特征出发,概括论述了传统课堂的根本缺陷:教学以书本知识为本位、以教师为本位、以教案为本位,这种教学在强化知识的同时,从根本上失去了对人的生命存在及其发展的整体关怀,从而使学生成为被"肢解"的人,甚至被"窒息"的人。[②]

---

① 鲁永进,黄秀娟."智慧课堂"对传统课堂教学模式的变革[J].江苏教育,2017(28):29-31.

② 余文森.试析传统课堂教学的特征及弊端[J].教育研究,2001(5):50-52.

从本质来讲,我国目前的绝大多数课堂依然是围绕着教科书展开的,虽然我们引进了投影仪和PPT,但是它只取代了传统课堂的呈现方式,即从原有的板书转为更加丰富多样的幻灯片,它没有解决更深刻的教育资源共享问题、课堂时空问题、多元评价问题、课堂互动问题等。信息时代的到来对传统课堂提出了新的挑战,信息技术的发展也为课堂重构提供了新的可能,具体表现在以下几个方面。

一、教育资源:从封闭有限走向广泛共享

从印刷时代到数字时代,传播媒介的变化无疑带来了知识传播形式的深刻变革。传统的以文字符号构成的逻辑严密的线性知识结构,开始转为由图像、声音等构成的多维知识结构。由于数字时代的虚拟资源具备可复制、可转移的特点,知识的传播也变得更加方便与快捷。然而,当我们一心陶醉于数字时代及互联网所描绘的教育红利时,实际的课堂变革远比想象的要小得多。

尽管我们有了电脑、有了PPT,但是我们资源共享的广度和深度存在严重问题。当下的资源共享受制于技术、受制于思维而只局限于地区之间、校与校之间、教师之间,它实现的只是教育资源的有限流动,它没有向上延展到与教育相关的领域间,也没有向下具体到更丰富的群体间。大多数教师的课件、教案往往只在校内共享,一些名师的视频和课件无法得到真正的共享。而对于政治、经济、文化、科技等前沿材料,必须教师自己搜索,很少会有教师进行共享。所以当下的资源共享,只是教育内部的资源共享,其他领域的资源和相关人员并没有进入到共享圈内。这种单质化、封闭型的共享系统注定实现不了高质量的共享。另外,就共享的深度而言,它涉及资源真正为人所需,为人所用,它是虚拟资源价值实现的最后关口。庞大的资源库必将

使资源的适配性、资源的整合性变得日益困难。从适配性来讲，正如有学者所言，在网络使得搜索教育资源越来越简单容易的同时，在浩渺的网络世界中寻找出符合特定需求的资源却是一个极大的挑战。目前网络上有不少课件网、习题网，看似教育资源在不断丰富，实际上过多过杂且优劣难分的资源，使我们无暇鉴别，严重影响共享的实际效益。

因此信息时代的课堂对教育资源的获取与传播提出了更高的要求——资源需要在更大范围内、在更多群体间得到充分的共享。以云计算技术为基础的教育云平台，对促进优质资源共享、提升教育信息化发展水平具有重要作用。在一些经济欠发达国家和地区的教学点，除教学光盘播放、卫星接收和网络传输这三种常见的资源共享方式外，利用"移动卫星车"构建信息化课堂成为提供优质学习资源的一种新方式。优质学习资源形态呈现出碎片化、微型化、主题化的发展趋势，各种类型的"微"教学实践在国内外开展，改变了教与学的方式。微课程资源在教学中的广泛应用，打开了信息化教学的新视野，告别了以教师为中心的资源观，开启了以学生自主学习资源为中心的全新资源观。

📖 阅读材料：1-4

这近乎是两条教育的平行线。

一条线是：成都某重点高中去年 30 多人被伯克利等国外名校录取，70 多人考进了清华北大，一本率超九成，号称"中国最前列的高中"。另一条线是：中国贫困地区的 248 所高中，师生是周边大城市"挑剩的"，曾有学校考上一本的仅个位数。直播改变了这两条线。200 多所学校，全天候跟随重点高中平行班直播，一起上课、作业、考试。有的学校出了省状元，有的本科升学率涨了几倍、十几倍——即使网课在城市早已流行,还是令我惊讶。过去两年,我采访过广西山区的"零一本"县;我也采访过北大的农村学生;我自己在山东一所县中度过三年,和同学们每天6点起床,23点休息,学到失眠、头疼、腹泻,"TOP5、TOP10"仍是遥不可及的梦。我理所当然地怀疑,学校、家庭不同,在十几年间堆积起学生能力、见识、习惯的巨大差异,一根网线就能连接这一切?开设直播班的东方闻道网校负责人王红接说,16年来,7.2万名学生——他们称之为"远端",跟随重点高中走完了高中三年。其中88人考上了清华北大,大多数成功考取了本科。

那种感觉就像往井下打了光,丢下绳子,井里的人看到了天空,才会拼命向上爬。①

二、学习时空:摆脱束缚满足学生个性化

传统的以PPT、投影仪为代表的教学模式由于技术的限制,往往局限于特定的时空。在班级授课制的基本框架之下,课程的进行必须在固定的课堂中进行。由于没有储存功能,这样的课堂往往具有一次性的特点。学生回家想复习,也只能翻笔记来回忆老师的上课内容。另外,传统的课堂无论是教学目标的设定还是内容的选取,实质上都是以适合绝大多数人的最近发展区为依据。真正好的教育应该是使每个学生获得需要且是适合自己的教育,每个人在这个过程中都应该有属于自己的发展机会。然而,在有限的时空之下,我们可以看到传统课堂为了避免浪费课堂时间,往往只有少数学生能进行课堂展示。我们强调教育公平,但实际上传统课堂本身就不公平,即能够实现与教

---

① 程盟超.教育的水平线[N].中国青年报,2018-12-12.

师互动的学生是有限的。我们习惯于把质量的问题统统归咎于课堂教学问题，而不去苛责个体时空的阙如。传统班级授课制最大的问题，就是其只搭建了学习的共同时空，而忽视了对个人学习时空的关注。我们精心运营着以班级为单位的集体时空，却彻头彻尾地放弃了以适合、需要为中心的个体时空建设。学生无法选择老师、无法选择授课时间地点以及进度安排，所有人统一上课。可想而知，这样的课堂所能满足学生个性化发展的程度是极其有限的。

随着人工智能、大数据、VR/AR 等技术的崛起，物理时空将不再成为教学的永恒壁垒。线上学习与线下学习、课堂学习与远程学习等交互作用的学习方式也屡见不鲜。传统的教学受到时空限制，使我们难以重回历史，也无法置身星辰宇宙去还原知识的实际背景。而 VR/AR 所赋予的体验真实将使其成为可能。通过虚拟背景搭建，VR/AR 能实现教学中所需的体验、操作、创作等一系列活动，从而帮助学生以具身的方式真正领悟知识的内涵。另外，原有的课堂线性结构将被立体网状的新结构取代。原有的课堂按照知识的线性逻辑，将一个又一个知识点串联起来，已有的教科书就是这种思维的显现。然而人的大脑在认知上却要求联系、渗透、镶嵌，所有的知识都蕴含在其他知识中，就像手臂是人体的一部分，人又是家庭、社区、城市、州的一部分一样。这就意味着新的、具有潜力的教学应该是人类认知、情感的联结，而人工智能和大数据就能将分散的教育群体、教育资源聚集起来，允许师生突破时空，共同协作、参与，并利用知识、群体、情境的超链接技术，实现节点的跳转，从真正意义上恢复认知的整体性、联结性。

📖 **阅读材料：1-5**

VR/AR 构建的三维虚拟学习环境①

第二人生(Second Life,简称 SL)是一部模拟真实社会的大型多人在线角色扮演平台,作为一种沉浸式游戏学习环境,SL 应用在合作式学习中具有较大的发展潜力。以语言学为例,学习英语的学生与以英语为母语者在 SL 中通过虚拟化身进行口语交流,达到了现实生活中很难实现的效果。

另外也出现了 AR 图书,典型的就是毕灵赫斯特制作的魔法书(Magic Book)。它根据书本内容制作成 3D 场景和动画,并且利用一个特殊的眼镜就能让儿童看到虚实相结合的场景。研究发现,儿童普遍认为 AR 环境新颖有趣。而后他们又根据数据反馈,设计了针对七岁儿童阅读的 AR 书,主要分析儿童是如何将真实世界的知识技能与 AR 环境建立起有意义的联系的。研究得出,AR 交互与真实世界的交互基本一致,而这种新奇的显示效果使得他们的阅读兴趣大大提升。

三、教学评价:单一评价向精准多元过渡

我们一直说"评价是一把尺子",它引导着教育的发展方式。当下我们一直呼吁多元评价,但事实上在传统课堂的背景之下根本无法实现。从评价的基本结构来看,我们可以把它分为评价主体、评价手段、评价标准。多元的评价就要求有多样的评价主体、手段和标准。就评价主体而言,目前除了同桌交换作业、课堂点评环节中学生能成为评价主体外,其余都是教师一手操

---

① 蔡苏,张晗.VR/AR 教育应用案例及发展趋势[J].数字教育,2017(3):1-10.

办。现在不少学校流行让家长也参与评价,比如学生回家作业要让家长检查、签字。但课堂上的评价呢?在现有的条件下家长没法参与。所以实际上,当下的评价主体依然只有教师,教师需要评价一个班的学生。面对 50 个甚至 60 个学生要做出实时评价,并进行因材施教显然是不切实际的。就评价手段而言,目前中小学最普遍的评价还是书面作业形式的评价,学生在作业本上写,然后交由教师进行批改。这种传统的评价手段,不仅费时费力,更无法精准地知道问题到底在何处。教师凭感觉、凭印象调整教学,学生也不知道自己的薄弱点在哪里。传统的以纸质作业为载体的评价手段,其无法自动批改、系统分析、智能存档的特点决定了它的效果是有限的。最后就评价标准而言,希望有多元的评价标准,但实际上在班级授课制这样的背景之下,学生太多,根本无法一对一地去建立评价标准,我们只能退而求其次,一视同仁,以分数为标准去评价。

未来课堂的教育评价需要往两个方向发展。一是更加精准,其通过大数据分析,首先确立学习者特征,精确推送教育内容,实现智能补偿、智能推送。同时系统根据学习者在学习过程中的进展,实时更新、调整,实现学习进度的同步。终端的教师根据反馈信息,把握重点与难点,实现教学精准化。二是更加多元开放,物联网、云平台等技术本身就内嵌着互联、共享等基本思想,其把分散的人力、物力聚合起来,形成一个教育共同体,所有人处于教育共同体中,一同建构知识,彼此平等,互相帮助,共担责任,共负荣辱。人工智能、虚拟现实等技术赋予的潜力足够我们构建出多元化的竞争,我们可以吸收多样的评价主体,可以实现多样化的评价手段等,而彼此的差异定能在这种多样化的竞争内容、手段和评价中得到尊重。此时竞争存在的意义,不是为了分出优劣,而是在于承认学生之间的差异,在于让每个学生通过某方面的成就确证其存在的价值。以往,我们一直呼吁尊重学生的差异,但实质上原有的竞争背景没有承认差异,它只承认学习上的优秀者,却没有承认生活上的细心者、大自然的观察者等等。在新的技术背景下,我们可以通过技术的辅助构建更加科学、开放、多元的评价体系,以让每个学生都能在多元化的竞争中感受到自己是独特的、成功的,这才是教育信息化的最终归宿。

阅读材料:1-6

2016 年以来,由近百所美国顶尖私立高中组成的联盟 Mastery Tran Consortium(MTC)发明了一种全新的学生评价体系——A New Model。A New Model 不含分数,也不评级,而是会持续追踪记录、评估学生的八项能力。十年之内,这种动态的电子档案就将终结 SAT、ACT 等"美国高考",成为全美大学录取新生的评价体系。

对比传统的评分制,A New Model 有三大特征。其一:不看成绩,学生档案上没有课程名称。A New Model 是"能力导向"。每修得一门课程,学生将收获对应的能力学分(Mastery Credits),模拟学生档案分为两部分,一部分是学生拿到的具体能力学分(Earned Credits),没有了评级和分数;另一部分,是学生的八大能力总览。这八大能力分别是分析和创造性思维能力,复杂沟通——口头及书面表达能力,领导力及团队合作能力,信息技术及数理能力,全球视野能力,思维习惯能力,品德和理性兼顾的决策能力以及高适应性、主动探索、承担风险的能力。其二:动态记录,一目了然。A New Model 的格式都是统一的,而且简洁、直观,大学招生官们只要花两分钟就能了解一个学生的具体能力。MTC 联盟正在努力为 A New Model 开发一个技术平台,实现电子记录——实时更新学生的能力学分,并且会提供学生的课堂作品、论文、视频展示等材料,还会提供每个学校的评分标准——这些都能为大学挑选学生提供直观且可靠的依据。其三:学校拥有极大自主性。虽然能力鉴定模板是固定的,但每个学校可以自行决定对学生能力的评判标准——学校也可以根据自己的需求和培养目标,划定哪些才是学生应该重点把握的能力。①

四、课堂管理:静态到动态可视的新突破

基于传统的认知观念,大脑在学习过程中占据非常重要的位置,而身体只是承载大脑的载体,因此身体在课堂上是被束缚的。② 传统课堂中,学生被要求安静地坐在教室里听教师讲课,在课上手脚不能乱动,并且必须端正姿势,更不能随意走动和东张西望,致使学生的身体局限于课桌周围,处于固定的模式下。研究表明,身体的负面姿势会影响人的认知。③ 之所以会把这种"束缚"当作一种必然,也是出于无奈,如班级人数过多、课堂环境落后、纪律维持困难等等。传统课堂上,一位教师在专注于本堂课的教学内容的同时,还得尽可能兼顾与班级每位学生的互动和课堂管理,这本身就是一种挑战,再加上班额过大更是难上加难。一旦将心思和精力过多专注于课堂的管理与学生互动,一定程度上会大大削弱教学成效。这个时候就需要借助必要的现代化技术和工具设备辅助教师进行教学。

---

① 颠覆"美国高考"! SAT、ACT 成绩将被"能力档案"取代[EB/OL].(2018-02-24).http://www.sohu.com/a/223841828_808875.

② 马晓羽,葛鲁嘉.基于具身认知理论的课堂教学变革[J].黑龙江高教研究,2018(1):5-9.

③ 殷明,刘电芝.身心融合学习:具身认知及其教育意蕴[J].课程·教材·教法,2015(7):57-65.

信息时代背景下,师生互动不再仅仅是师生间的语言、手势、神态的互动,还包括教师、学生与网络媒体的互动。[①] 在技术支持下,这些数据可即时、直观、全面地呈示于课堂中,且不断实时地介入课堂互动,从而发展为课堂教学互动的基本媒介。这在较大程度上革新了传统课堂教学的交互方式,可能形成一种全新的课堂形态。此外,与传统的技术应用相比,课堂数据可视化应用实则是基于数据的技术应用,其自身就与课堂教学相依相存,深层次整合于教学实践中。它能够全面激发教师技术应用的主动性,提升教师技术整合能力。[②]

📖 **阅读材料:1-7**

在智慧课堂上,教师利用平板电脑上的"作业平台"向学生发送朗读作业,学生完成后系统会自动评分和排名,学生可查看朗读测评结果,并根据相应的分析和提示进行改进。再如,学生可利用"微课"功能,当小老师为大家做字词讲解,上传视频,其他学生在观看视频后即可进行点评,也可以利用"班级圈"分享学习资料,交流学习收获。智慧课堂既给予了学生们展示自我的平台,又实现了生生互动,提高了孩子们参与学习的积极性。[③]

---

① 吴安艳,熊才平,黄勃.网络通讯环境下的师生互动变革研究[J].远程教育杂志,2011(3):60-65.

② 阮士桂,郑燕林.课堂数据可视化的价值与教学应用[J].现代远程教育研究,2016(1):104-112.

③ 智慧课堂助力教学改革,信息技术创新教学模式[EB/OL].(2018-11-15). https://baijiahao.baidu.com/s?id=1617177604857573231.

第三节　历史与沿革
——国内外教育信息化发展现状

一、国外教育信息化的改革举措

（一）　美国推进教育信息化的举措

美国作为世界强国，历来重视技术（特别是现代信息技术）在教育、教学领域的应用，强调要通过信息技术来促进教育的改革与发展。早在 20 世纪 50 年代，美国就开展了一系列有关计算机辅助教学的应用研究。[①] 从 1996 年开始，美国联邦教育部先后五次颁布国家教育技术规划（National Education Technology Plan，以下简称 NETP），用以指导国家教育信息化的发展。

自 1993 年时任美国总统克林顿提出"信息高速公路"计划以来，美国的历任总统都始终遵循"要运用信息技术促进教育改革和发展"的战略方针。美国宪法虽然没有赋予联邦教育部统一教育管理的权力，但其教育信息化的有关政策在各州、地方仍然发挥着指挥棒的作用，能够起到协调和统筹的作用。美国最近几年发布的对教育信息化产生重要影响的政策有"不让一个孩子掉队"（No Child Left Behind Act，NCLBA）、美国竞争力倡议（America Competitiveness Initiative，ACI）等。此外，美国联邦政府教育部先后于 1996 年、2000 年、2004 年、2010 年和 2016 年制定并颁布了 NETP，见表 1-3。

---

① "国际教育信息化发展研究"项目组.国际教育信息化发展报告（2013—2014）[EB/OL].http://sli.bnu.edu.cn/a/xiazaizhuanqu/guojijiaoyuxinxihuadongtai/list_85_3.html.

表 1-3　NETP 发布历程①

计划名称	教育技术目标
NETP1996《使美国学生做好进入 21 世纪的准备:迎接技术素养的挑战》	(1) 全国所有教师都将得到培训和支持,以帮助学生学会使用计算机和信息网络;(2) 所有教师和学生在教室中都将拥有现代化的多媒体计算机;(3) 每个教室和图书馆都将连接到信息网络;(4) 有效的软件和在线学习资源将成为每个学校课程的整体组成部分
NETP2000《e-Learning:将世界一流的教育放在所有孩子的指尖》	(1) 所有学生和教师都能在教室、学校、社区或家里使用信息技术;(2) 所有教师将能有效利用技术帮助学生达到较高的学业水平;(3) 所有学生将具备技术技能和信息素养;(4) 为促进教与学,将研究、评估、改进在教学中应用的信息技术;(5) 数字化内容和网络的应用将改变教学和学习
NETP2004《迈向美国教育的黄金时代:因特网、法律和当代学生变革展望》	(1) 加强领导;(2) 考虑革新预算;(3) 改进教师培训;(4) 支持 e-Learning 和虚拟学校;(5) 鼓励使用宽带网;(6) 迈向数字内容;(7) 数据整合系统
NETP2010《变革美国教育:技术推动学习》	(1) 到 2020 年之前,两年或四年制大学毕业生占人口比例从当前的 41% 提升到 60%;(2) 缩小高中毕业生的学业差距,使他们能够成功地升入大学或者就业
NETP2016《为未来做准备的学习:重塑技术在教育中的角色》	(1) 让所有学习者能够在正式和非正式场合通过沉浸式和自主性学习获得学习经验,以成为当前全球互联社会中积极的、创造的、有知识的、合乎伦理的参与者;(2) 在技术支持下,教师可以与他人、数据、内容、资源、专门知识和学习体验联结起来,以调动和激发他们为所有学习者提供更加有效的教学;(3) 为了学习中所使用的技术,在教育领导者角色和责任的所有层面中嵌入对技术支持教育的理解,州、区域和地方应建立在学习中使用技术的愿景;(4) 教育系统在各个层面上都将发挥技术的力量,对重要的事情进行测量,并且使用评价数据提高学习;(5) 任何学生和教师,无论何时何地,都可以根据需要使用可靠、全面的基础设施进行学习

---

① U.S. Department of Education. Future Ready Learning: Reimagining the Role of Technology in Education. National Education Technology Plan (2016) [EB/OL]. https://tech.ed.gov/files/2015/12/NETP16.pdf.

上述五份国家教育技术规划涵盖了美国特定历史时期教育信息化的宏观战略，是 20 年来美国教育信息化发展的路标和指引。在纲领性文件的指引下，美国在基础设施建设、教师教育技术培训等层面都做了重要规划。

基础设施建设层面，1993 年 9 月克林顿正式提出建设"国家信息基础设施"（National Information Infrastructure，简称 NII），至此美国政府开始了教育信息化基础设施建设。2010 年3 月，美国联邦通信委员会发布的《连接美国：国家宽带计划》（Connecting America：The National Broadband Plan）规划了美国全境的宽带发展蓝图。① 2013 年 6 月，美国总统奥巴马又公布了"连接教育"（Connect ED）计划。② 教师教育技术培训层面，1999 年美国联邦教育部启动针对职前教师教育技术的大型资助项目"培训未来的教师使用技术"（Preparing Tomorrow's Teachers to Use Technology，简称 PT3）。2000 年美国国际教育技术协会（International Society for Technology in Education，简称 ISTE）推出《面向教师的国家教育技术标准》（National Educational Technology Standards for Teachers，简称 NETS·T），这一标准在美国多个州得到了广泛应用，为广大教师促进自身教学和专业发展提供了有效的指南。

（二） 日本实施教育信息化的举措

日本近现代的教育史上经历过三次比较有影响力的教育改革。第一次是在明治维新时期，日本向西方发达国家学习，对本国的传统教育体制进行了全面改革。第二次发生在二战后，美国倡导并且改造了日本的军国主义教育，确立了以美国教育为

---

① Federal Communications Commission［EB/OL］.（2014-04-05）. http://download.broadband.gov/plan/national-broadband-plan.pdf.

② U.S. Department of Education. Connect ED Initiative［EB/OL］. http://www.ed.gov/edblogs/technology/connected.

代表的民主主义教育体制。第三次是从 20 世纪 70 年代开始，日本政府意识到只有成为科技大国，才能成为教育强国。① 日本政府在第三次教育改革中明确指出了要运用现代化的科技手段来支撑教育的发展，并率先在高中阶段开设信息技术相关课程，这些做法使得日本教育信息化的发展有了质的飞跃，信息化综合实力走在了世界信息化发展的前列。

20 世纪 80 年代以后，日本教育信息化大致经历了教育信息化的起步阶段和教育信息化的加速阶段。日本政府制定了一系列国家信息化重大发展战略来提升自己国家的信息化水平，而教育信息化则是国家信息化的重要组成部分。

20 世纪 90 年代日本经济长期不景气，这使日本政府更加确信信息化的发展是带动日本经济发展的决定性因素。1991 年，《信息教育手册》发布，成为日本信息教育的指导性文件。1994年，日本成立了以首相为总部长、以所有内阁为成员的"高度信息通信社会推进总部"，一举将信息通信产业定位为国家优先发展产业。1996 年，在中央教育审议会第一次答申中提出开展体系化信息教育，培养"生存能力"，利用信息设备和信息通信网络改善教育质量，建设高度信息社会下的新学校。1997 年，"有关初中教育中信息教育进展等的调查研究协力者会议"第一次报告将信息应用能力定义为"信息应用实践、信息的科学理解、参与信息社会的态度"等三个方面的能力，简称"信息应用能力 3 观点"。1998 年，《学习指导要领》再次修订，将初中"信息与计算机"定为必修内容，高中则新设"信息"必修科目。值得一提的是，高中教师资格证于 1994 年加入信息技术内容，要求教师具备信息技术的应用能力和指导能力。

自 2000 年提出"IT 基本战略"后，日本开始加速信息化建设。

---

① 魏先龙，王运武.日本教育信息化发展战略概览及其启示[J].中国电化教育,2013(9):28-34.

2001 年,日本制定了"e-Japan"战略,重点扶持超高速网络建设、电子商务和政务、IT 人才培养等。2004 年推出的"u-Japan"政策则以"泛在(Ubiquitous)"为主,要求在 2010 年前实现随时随地均可自由连接互联网,建设世界一流信息化社会。2006 年"IT 新改革战略"率先提出要在 2010 年前实现计算机生机比 3.6∶1 的目标。2009 年日本推出"i-Japan"战略,该计划准备到 2015 年,在日本构建一个以人为本、富有生机的数字化社会。2013 年"世界最先进 IT 国家宣言"和"日本再兴战略"再次提高标准,提出"1 人 1 台计算机"的口号,强调信息技术能力应从儿童抓起;同年发布的《第二期教育振兴基本计划》更是要求在 2020 年前彻底实现"1 人 1 台计算机"。与此同时,2015 和 2016 年度科学技术白皮书也指出,在面向未来的教育中,应充分利用 ICT 与教育的结合培养科技创新人才。①

(三) 韩国实施教育信息化的举措

韩国政府把信息化作为国家的核心发展战略,其教育信息化水平较高,在全球处于领先地位。在美国教育信息化发展战略出台以后,韩国也开始根据自身发展情况制定与韩国教育发展相符合的教育信息化发展战略,其一系列举措有效推动了韩国教育信息化的发展。根据不同阶段的建设重点,韩国基础教育信息化体系发展脉络可以分为五个阶段:基础设施建设阶段、数字教育资源开发阶段、个性化学习提升阶段、技术与教育融合阶段和智慧教育发展阶段。②

---

① 张玮,李哲,奥林泰一郎,等.日本教育信息化政策分析及其对中国的启示[J].现代教育技术,2017(3):5-12.

② 尉小荣,吴砥,余丽芹,饶景阳.韩国基础教育信息化发展经验及启示[J].中国电化教育,2016(9):38-43.

表 1-4 韩国国家教育信息化发展历程

阶段	标志	目标与愿景
基础设施建设	教育信息化规划 Master Plan Ⅰ（1996—2000 年）	重点强调信息基础设施建设，提升教师和学生的信息素养以及利用信息技术的技能
数字教育资源开发	教育信息化规划 Master Plan Ⅱ（2001—2005 年）	在第一阶段的基础上加强了教育信息化基础设施建设，提升信息技术在公共教育方面的利用率。重点强调教育资源建设和数字化学习
个性化学习提升	教育信息化规划 Master Plan Ⅲ（2006—2010 年）	信息技术在教育中应用全面提升的阶段。网络环境从有线转为无线，教育信息化政策从 e-Learning 转向 u-Learning，以适应无所不在的学习环境
技术与教育融合	教育信息化规划 Master Plan Ⅳ（2010—2014 年）	以技术与教育的融合成为主要特征。着眼于通过课堂上的变化，培养创造性、全球化的人才
智慧教育发展	教育信息化规划 Master Plan Ⅴ（2014—2018 年）	通过信息技术与教育的深度融合培养创造性思维，创建以学生为中心的数字教育生态系统

韩国教育研究信息院（Korea Education & Research Information Service，简称 KERIS）成立于 1999 年，其宗旨是推进韩国信息教育基础设施建设，完善数字化学习资源和促进教育信息化专业发展。早在 1987 年，韩国教育改革审议委员会就在"教育改革总体计划"中明确指出，要把计算机引入学校以帮助基础教育改进教学法，促进科学与技术教育发展，为信息化社会做准备。1987 年 12 月，韩国教育科技部颁布有关"学校加强计算机教育的措施"，被认为是韩国国家教育信息化规划的第一步。该措施的主要目的在于普及和推广计算机教育，发展学生使用计算机的技能，提升教师使用信息化教学方法的水平。

1996 年，韩国政府颁布了《ICT 应用于教育的主要规划

(1996—2000)》。该规划主要是进行相关的硬件和基础设施建设,成立国家教育网,为学校教学提供信息资源和技术支持。该规划指出,1997 年至 2000 年的重点任务是加强教师对信息技术的运用,为中小学教师提供电脑。该计划帮助韩国实现了配置一流教育信息化设备的目标,为之后韩国教育信息化发展奠定了良好基础。

2001 年,韩国政府发布《ICT 教育的主要规划(2001—2005)》。该规划是在 2001—2005 年实施,主要目的在于加强学校计算机教育,开展 ICT 培训,并为低收入家庭的孩子提供支持;建设网上大学,实现全国范围内的教育资源共享;为中小学建设学习 IT 的课程。规划还指出,2002 年要在大学实现 ICT 的有效应用。

2006 年,韩国政府发布《信息化促进教育全面发展规划(2006—2010)》。该规划的目标是通过加强家庭、学校和社区之间的联系,建立网络学习型社会;保障每个公民都能平等地获取教育资源。该规划最终的目的在于通过开发人力资源,提升国家竞争力。韩国政府于 2007 年开始发出有关使用电子教材的倡议。

2011 年,韩国政府提出"SMART 教育"规划。"SMART 教育"是未来教育的特征,该规划被认为是未来人力资源发展的驱动力之一。该规划的最终目标是通过"课堂变革"培养全球顶尖的创新型人才。同时,韩国政府宣布于 2015 年在全国中小学淘汰纸质课本,全部用电子教材替换;以平板电脑为主要形式的电子教材阅读器和个人学习终端将成为未来韩国中小学生的重要装备。然而,韩国政府根据实验结果,在 2012 年宣布推迟这一计划。

综上所述,不难看出各国教育信息化发展呈现出一定的阶段性,体现为由基础设施建设到信息化普及,再到信息技术与教育深度融合。其中,教师则被视为推动教育信息化快速发展的关键动力。

二、国内教育信息化的发展历程

改革开放以来,在各项政策的推动下,我国教育信息化建设从无到有,不断发展,已取得了巨大成就。

(一) 初步起始阶段 (20 世纪 80 年代)

1978 年 3 月和 4 月,全国科学大会和全国教育工作会议先后召开,强调教育的作用,提出教育要"更有效地为农业现代化和其他三个现代化服务"。1978 年 11 月,《人民教育》刊发短评,提出"要实现四个现代化,必须大大加快教育现代化的步伐",教育作为条件、工具出现在学界研究中。20 世纪 80 年代初,我国开始大力推进教育改革,教育现代化成为贯穿其中的重要理念。1983 年邓小平在景山学校提出"面向现代化、面向世界、面向未来"的重要思想。1985 年颁发的《中共中央关于教育体制改革的决定》进一步将"三个面向"作为教育工作的指导方针,强调要培养掌握现代科学与技术的各级各类人才。我国中小学计算机教育实验正是在这样的政策背景下起步的。

计算机教育最早以课外、校外活动的形式进入中小学,1982 年开始逐渐成为一个拥有专门投资和师资培训的国家级正式项目。1983 年,教育部召开全国中学计算机教育试验工作会议,首次提出了计算机选修课的教学大纲。1984 年,邓小平在上海提出的"计算机的普及要从娃娃做起",对我国中小学计算机教育的普及与发展起到了巨大推动作用。同年颁发了《中学电子计算机选修课教学纲要试行》。至此,中小学的计算机教育从无到有,既有了课程教学纲要,又有了专门的研究机构和专业的研究人员,拉开了教育信息化的帷幕。其后,教育部又于 1986 年召开了全国中学计算机教育工作会议,制定了发展我国中学计算机教育的指导方针,强调要积极、稳妥,从实际出发,区别不同情况,注重实效,在试点的基础上逐步扩大。

这一阶段,除了中学计算机学科的开设外,另外一个重要标志就是计算机辅助教学兴起。1986 年召开的第三次全国中学计算机教育工作会议上,专家学者们提出我国普通中学开展计算机教育要分三个层次进行,其中第三条提到"为适应国际计算机教育发展的趋势和我国今后发展需要,在组织力量开发计算机教育软件的基础上,有条件的地区和学校可逐步开展计算机辅助教育。要把计算机作为资源和工具,使教师、学生逐步学会使用它"。

（二） 稳步发展阶段（20 世纪 90 年代）

1991 年 10 月,第四次全国中小学计算机教育工作会议在山东济南召开,时任国家教委副主任的柳斌同志做了《积极稳步地发展中小学计算机教育》的总结报告。报告从提高思想认识、加强领导和规划的宏观角度肯定了我国发展计算机教育的决心,提出了我国中小学计算机教育的发展方针,指出计算机在中小学的普及和提高将是一个很长的历史过程,各地要积极进取、因地制宜、从实际出发,逐步扩大计算机教育的速度和规模。

1992 年,国家教委颁发《关于加强中小学计算机教育的几点意见》。该意见对我国 20 世纪 90 年代计算机教育的制定规划、经费投入、师资队伍和教材建设、硬件环境选配、教学软件的开发管理等方面进行了较为细致的规划。

1993 年,为适应加快改革开放和现代化建设的需要,国家发布《中国教育改革和发展纲要》,提出"建立起比较成熟和完善的社会主义教育体系,实现教育的现代化"的长远目标。1994 年,中国教育和科研计算机网（CERNET）开始联通国际互联网。1995 年,我国开始实施科教兴国战略,教育领域的信息化发展进入全面启动时期。

到 20 世纪 90 年代末,我国教育信息化建设总体方针是根据全国各地社会经济发展不平衡的情况,分层逐步推进信息化教育:第一层面是以计算机多媒体为核心的教育技术在学校的普及与运用;第二层面是开通网络,利用好网上资源;第三层面是开办远程教育,提供广泛的学习资源,不断满足社会终身教育的需求。在实际的建设过程中,重点是推动中国教育和科研计算机网(CERNET)的建设、中小学"校校通"、高校"数字校园"等。[①]

这一时期的教育信息化策略主要是侧重教育基础设施的建设,重点加大在计算机教室、多媒体和网络教室等信息技术设备上的投入,对于信息资源的开发应用和建设则关注不够,即所谓的"重硬不重软"阶段。由于资源、方法和理念的缺失,这一时期教学模式并没有因为各类教育设备的引入而发生任何实质的改变,仍然停留在以教师为主导的传统的黑板加粉笔教学情景当中。

(三) 全面推进阶段 (21世纪初至现在)

1999年6月,中共中央、国务院颁发《关于深化教育改革全面推进素质教育的决定》,指出要"大力提高教育技术手段的现代化水平和教育信息化程度",吹响了新世纪我国基础教育信息化普及发展的号角,我国教育信息化迈进了新阶段。

21世纪以来的第一个十年,我国教育信息化的总体规划着重做好三项工作:一是在中小学普及信息技术教育;二是网络的普及和应用,使学生学会充分利用网上资源;三是大力发展现代远程教育,全面实施"校校通"工程,特别要重点扶持和发展农村中小学信息化基础设施建设和人才培养。

为了普及信息技术教育和大力发展现代远程教育,2000年10月25日,教育部在北京召开"全国中小学信息技术教育工作会议",时任教育部部长的陈至立同志在会上做了《抓住机遇,加快发展,在中小学大力普及信息技术教育》的报告。会议上,教

---

① 都晓英.信息化教学:模式研究和案例分析[D].上海:华东师范大学,2001:1-6.

育部印发了《关于在中小学普及信息技术教育的通知》《关于在中小学实施"校校通"工程的通知》和《中小学信息技术课程指导纲要(试行)》三个重要文件。这些政策的出台,表明教育部开始在我国中小学教育中全面推进信息化,也标志着我国教育信息化进入了一个新的发展时期。2003 年 9 月,国务院召开了全国农村教育工作会议,下发了《国务院关于进一步加强农村教育工作的决定》。该《决定》明确提出"实施农村中小学现代远程教育工程,促进城乡优质教育资源共享,提高农村教育质量和效益"。

为提高中小学教师教育技术能力水平,促进教师专业能力发展,2004 年,国家教育部正式颁布了《中小学教师教育技术能力标准》,并在 2005 年启动了《全国中小学教师教育技术能力建设计划》,组织各地区开展中小学教师信息技术培训。

21 世纪的第二个十年伊始,我国陆续出台了一系列重要的推进教育信息化的指导方针,目的是全面提升中小学教师信息技术应用能力,促进信息技术与教育教学的深度融合。[①] 教育部、财政部也在 2010 年全面实施旨在提高中小学教师特别是农村教师队伍整体素质的"中小学教师国家级培训计划"的重要举措。

2010 年 7 月,党中央、国务院颁布《国家中长期教育改革和发展规划纲要(2010—2020 年)》,提出"信息技术对于教育发展具有革命性影响,必须给予高度重视"。这一阶段我国将教育信息化提升到国家战略高度,并进行了整体部署。

2012 年 3 月颁布的《教育信息化十年发展规划》明确了我国教育信息化事业今后十年的发展目标、行动纲领和路线图,我国

---

① 教育部.教育信息化十年发展规划(2011—2020 年)[EB/OL].(2012-03-13).http://www.moe.edu.cn/publicfiles/business/htmlfiles/moe/s3342/201203/xxgk_133322.html.

基础教育信息化建设开始从分散建设向整体规划、统筹推进转型,呈现出教育系统全力推进、社会力量广泛参与的良好局面,一条信息技术与教育教学有机融合、具有中国特色的教育信息化发展道路日渐清晰。①

2013 年和 2014 年,教育部先后印发了《关于实施全国中小学教师信息技术应用能力提升工程的意见》《中小学教师信息技术应用能力标准(试行)》,旨在贯彻落实国家教育信息化总体要求,构建教师队伍建设标准体系,全面提升中小学教师信息技术应用能力,促进信息技术与教育教学深度融合。

2016 年发布的《国民经济和社会发展第十三个五年(2016—2020)规划纲要》"推进教育现代化"章节中明确指出要"推动现代信息技术与教育教学深度融合",并将以"三通两平台"为标志的"教育信息化"列为"教育现代化重大工程"。同年 6 月,教育部颁布的《教育信息化"十三五"规划》为我国今后五年的教育信息化在提升教育质量、促进教育公平、推进教育现代化和服务社会经济发展等方面提供了翔实蓝图。②

2018 年 4 月,教育部关于印发《教育信息化 2.0 行动计划》(以下简称《计划》)的通知,以推进"互联网+教育"发展,加快教育现代化和教育强国建设。这标志着我国教育信息化从 1.0 时代进入 2.0 时代。《计划》对今后五年教育信息化工作的主要目标、任务和推进路径进行了详细规划。

---

① 巩固成果　开拓创新　以教育信息化全面推动教育现代化——刘延东副总理在第二次全国教育信息化工作电视电话会议上的讲话[EB/OL].(2015-11-19).http://www.moe.gov.cn/jyb_xwfb/moe_176/201601/t20160122_228616.html.

② 任友群,郑旭东,吴旻瑜.深度推进信息技术与教育的融合创新——《教育信息化"十三五"规划》(2016)解读[J].现代远程教育研究,2016(5):3-9.

第四节　改革与变迁

——教育信息化 2.0 的时代内涵

一、教育信息化 2.0 总体规划

回顾我国前 40 年的教育信息化建设,其发展基本遵循"基础建设＋设备配套＋应用探索"的方式,这个阶段大致可称为教育信息化 1.0 时代。当然也有学者称 20 世纪 90 年代至 21 世纪初为教育信息化 1.0 时代。2018 年 4 月,教育部发布《教育信息化 2.0 行动计划》,标志着我国正式迈向教育信息化 2.0 阶段。同月召开的全国教育信息化工作会议指出,"教育信息化 2.0 就是要在 1.0 阶段'三通两平台'的基础上,全面提升教育信息化发展水平,使中国教育信息化步入世界先进行列,发挥全球引领作用,以教育信息化全面推动教育现代化,开启智能时代教育的新征程"。从教育信息化 2.0 的总体规划来讲,它主要分为八大行动,分别为:数字资源服务普及行动、网络学习空间覆盖行动、网络扶智工程攻坚行动、教育治理能力优化行动、百区千校万课引领行动、数字校园规范建设行动、智慧教育创新发展行动、信息素养全面提升行动。这八大行动在内容上相对独立,但在整体上有较紧密的逻辑关联。吴砥等在解读《教育信息化 2.0 行动计划》时就指出这八大行动分别对应了从保障底线到引领创新的不同发展要求。[①] 八大行动的相互关系如表 1-5 所示。网络扶智工程攻坚行动、数字校园规范建设行动、数字资源服务普及行

---

① 吴砥,邢单霞,蒋龙艳.走中国特色教育信息化发展之路——《教育信息化 2.0 行动计划》解读之三[J].电化教育研究,2018(6):32-34.

动主要解决基础设施、基本规范等问题,其主要目标在于"保障底线";信息素养全面提升行动,则强调教师和学生信息素养的普遍提升,让每位师生都能恰当地利用信息技术改进教和学,其主要目标在于"全面发展";智慧教育创新发展行动则包含了建立10个以上"智慧教育示范区"等内容,强调的是在少数条件较好的地区加快发展,鼓励自主探索,以期形成示范效应,其主要目标在于"引领创新"。另外从实施主体的角度来讲,八大行动可以分为区域、学校、师生三重主体。其中数字校园规范建设行动,主要以学校作为实施主体,强调各级各类学校在建设数字校园时必须关注基本的规范与标准;而数字资源服务普及行动、网络学习空间覆盖行动和信息素养全面提升行动则主要面向师生,强调师生在信息化过程中的积极参与。网络扶智工程攻坚行动、教育治理能力优化行动、百区千校万课引领行动、智慧教育创新发展行动主要面向区域,强调区域协同,互相合作,共同解决保底线、求创新的低限和高限。

表1-5　八大行动的相互关系

发展重点	实施主体		
	区域	学校	师生
保障底线	网络扶智工程攻坚行动	数字校园规范建设行动	数字资源服务普及行动
全面发展	教育治理能力优化行动		网络学习空间覆盖行动 信息素养全面提升行动
引领创新	百区千校万课引领行动 智慧教育创新发展行动		

《教育信息化 2.0 行动计划》八大行动①

（一）数字资源服务普及行动

建成国家教育资源公共服务体系,国家枢纽和国家教育资源公共服务平台、32 个省级体系全部连通,数字教育资源实现开放共享,教育大资源开发利用机制全面形成。

完善数字教育资源公共服务体系。建成互联互通、开放灵活、多级分布、覆盖全国、共治共享、协同服务的国家数字教育资源公共服务体系,国家枢纽连通国家教育资源公共服务平台和所有省级体系。建立国家数字教育资源公共服务体系联盟,发布系列技术和功能标准规范,探索资源共享新机制,提升数字教育资源服务供给能力,有效支撑学校和师生开展信息化教学应用。

优化"平台＋教育"服务模式与能力。依托国家数字教育资源公共服务体系,初步形成覆盖全国的数字教育资源版权保护和共享交易机制,利用平台模式实现资源众筹众创,改变数字教育资源自产自销的传统模式,解决资源供需瓶颈问题。完善优课服务,发挥"一师一优课、一课一名师"示范引领作用,形成覆盖基础教育阶段所有学段、学科的生成性资源体系。升级职业教育专业教学资源库建设,丰富职业教育学习资源系统。提升慕课服务,汇聚高校、企业等各方力量,提供精品大规模在线开放课程,达成优质的个性化学习体验,满足学习者、教学者和管理者的个性化需求。

实施教育大资源共享计划。拓展完善国家数字教育资

---

① 教育部.教育部关于印发《教育信息化 2.0 行动计划》的通知[EB/OL].(2018-04-25). http://www. moe. gov. cn/srcsite/A16/s3342/201804/t20180425 _334188.html.

源公共服务体系,推进开放资源汇聚共享,打破教育资源开发利用的传统壁垒,利用大数据技术采集、汇聚互联网上丰富的教学、科研、文化资源,为各级各类学校和全体学习者提供海量、适切的学习资源服务,实现从"专用资源服务"向"大资源服务"的转变。

（二）网络学习空间覆盖行动

规范网络学习空间建设与应用,保障全体教师和适龄学生"人人有空间",开展校长领导力和教师应用力培训,普及推广网络学习空间应用,实现"人人用空间"。

引领推动网络学习空间建设与应用。制定网络学习空间建设与应用规范,明确网络学习空间的定义与内涵、目标与流程、功能与管理。印发加快推进"网络学习空间人人通"的指导意见,推动各地网络学习空间的普及应用。

持续推进"网络学习空间人人通"专项培训。继续开展职业院校和中小学校长、骨干教师的"网络学习空间人人通"专项培训,在中国移动、中国电信、中国联通的支持下,培训1万名中小学校长、2万名中小学教师、3 000名职业院校校长、6 000名职业院校教师,并带动地方开展更大范围的培训。

开展网络学习空间应用普及活动。依托国家数字教育资源公共服务体系,组织广大师生开通实名制网络学习空间,促进网络学习空间与物理学习空间的融合互动。开展空间应用优秀区域、优秀学校的展示推广活动,推进网络学习空间在网络教学、资源共享、教育管理、综合素质评价等方面的应用,实现网络学习空间应用从"三个率先"向全面普及发展,推动实现"一人一空间",使网络学习空间真正成为广大师生利用信息技术开展教与学活动的主阵地。

建设国家学分银行和终身电子学习档案。加快推进国家学分银行建设,推动基础教育、职业教育、高等教育、继续教育机构逐步实行统一的学分制,加快实现各级各类教育纵向衔接、横向互通,为每一位学习者提供能够记录、存储学习经历和成果的个人学习账号,建立个人终身电子学习档案,对学习者的各类学习成果进行统一的认证与核算,使其在各个阶段通过各种途径获得的学分可以得到积累或转换。被认定的学分,按照一定的标准和程序可累计作为获取学历证书、职业资格证书或培训证书的凭证。

(三)网络扶智工程攻坚行动

大力支持以"三区三州"为重点的深度贫困地区教育信息化发展,促进教育公平和均衡发展,有效提升教育质量,推进网络条件下的精准扶智,服务国家脱贫攻坚战略部署。

支持"三区三州"教育信息化发展。通过中国移动、中国电信、中国联通等企业和社会机构的支持,在"三区三州"等地开展"送培到家"活动,加强教育信息化领导力培训和教师信息化教学能力培训,推动国家开放大学云教室建设,开展信息化教学设备捐赠、优质数字教育资源共享、教育信息化应用服务等系列活动,落实教育扶贫和网络扶贫的重点任务,助力提升深度贫困地区教育质量和人才培养能力,服务地方、区域经济社会发展。

推进网络条件下的精准扶智。坚持"扶贫必扶智",引导教育发达地区与薄弱地区通过信息化实现结对帮扶,以专递课堂、名师课堂、名校网络课堂等方式,开展联校网教、数字学校建设与应用,实现"互联网+"条件下的区域教育资源均衡配置机制,缩小区域、城乡、校际差距,缓解教育数字鸿沟问题,实现公平而有质量的教育。

(四)教育治理能力优化行动

完善教育管理信息化顶层设计,全面提高利用大数据支撑保障教育管理、决策和公共服务的能力,实现教育政务信息系统全面整合和政务信息资源开放共享。

提高教育管理信息化水平。制定进一步加强教育管理信息化的指导意见,优化教育业务管理信息系统,深化教育大数据应用,全面提升教育管理信息化支撑教育业务管理、政务服务、教学管理等工作的能力。充分利用云计算、大数据、人工智能等新技术,构建全方位、全过程、全天候的支撑体系,助力教育教学、管理和服务的改革发展。

推进教育政务信息系统整合共享。以"互联互通、信息共享、业务协同"为目标,完成教育政务信息系统整合工作。建立"覆盖全国、统一标准、上下联动、资源共享"的教育政务信息资源大数据,打破数据壁垒,实现一数一源和伴随式数据采集。完善教育数据标准规范,促进政务数据分级分层有效共享,避免数据重复采集,优化业务管理,提升公共服务,促进决策支持。

推进教育"互联网+政务服务"。连接教育政务信息数据和社会宏观治理数据,建立教育部"互联网+政务服务"网上办事大厅,实现政务服务统一申请、集中办理、统一反馈和全流程监督,分步实施教育政务数据的共享开放,做到事项清单标准化、办事指南规范化、审查工作细则化和业务办理协同化,实现"一张表管理"和"一站式服务",切实让百姓少跑腿、数据多跑路,增强人民群众获得感。

(五)百区千校万课引领行动

结合教育信息化各类试点和"信息技术与教育深度融合示范培育推广计划"的实施,认定百个典型区域、千所标杆学校、万堂示范课例,汇聚优秀案例,推广典型经验。

建立百个典型区域。通过推荐遴选东中西部不同地区的典型区域,培育一系列教育信息化整体推进的样本区,探索在发达地区、欠发达地区利用信息化优化教育供给的典型路径,为同类区域的发展提供参照,引领教育信息化提质升级发展。

培育千所标杆学校。分批组织遴选 100 所高等学校、300 所职业学校、1 000 所基础教育学校和一定数量的举办继续教育的学校开展示范,探索在信息化条件下实现差异化教学、个性化学习、精细化管理、智能化服务的典型途径。

遴选万堂示范课例。汇聚电教系统、教研系统等各方力量,以"一师一优课、一课一名师"活动、全国职业院校技能大赛教学能力比赛、推出国家精品在线开放课程等为依托,设定专门制作标准和评价指标,遴选万堂优秀课堂教学案例,包括 1 万堂基础教育示范课(含普通中小学校示范课、少数民族语言教材示范课、特殊教育示范课、学前教育示范课)、1 000 堂职业教育示范课、200 堂继续教育示范课,推出3 000 门国家精品在线开放课程,建设 7 000 门国家级和1 万门省级线上线下高等教育精品课,充分发挥示范课例的辐射效能。

汇聚推广优秀案例。总结典型经验,汇聚优秀案例,分批出版教育信息化创新应用系列案例集,并通过在国家教育资源公共服务平台、中国教育电视台等渠道开设专门栏目、召开现场会、举办应用展览活动等方式进行推广。

(六)数字校园规范建设行动

通过试点探索利用宽带卫星实现边远地区学校互联网接入、利用信息化手段扩大优质教育资源覆盖面的有效途径。全面推进各级各类学校数字校园建设与应用。

推进宽带卫星联校试点行动。与中国卫通联合在甘肃省甘南藏族自治州、云南省昭通市、四川凉山彝族自治州各选择 1 个县开展试点,每县选择 1 所主体学校和 4 所未联网学校(教学点),免费安装"中星16号"卫星设备并连通网络,开展信息化教学和教研,为攻克边远山区、海岛等自然条件特殊地区学校联网问题,实现全部学校100%接入互联网探索路径。

　　促进数字校园建设全面普及。落实《职业院校数字校园建设规范》,发布中小学、高等学校数字校园建设规范,推动实现各级各类学校数字校园全覆盖。将网络教学环境纳入学校办学条件建设标准,数字教育资源列入中小学教材配备要求范围。加强职业院校、高等学校虚拟仿真实训教学环境建设,服务信息化教学需要。推动各地以区域为单位统筹建立数字校园专门保障队伍,彻底解决学校运维保障力量薄弱问题。

　　(七)智慧教育创新发展行动

　　以人工智能、大数据、物联网等新兴技术为基础,依托各类智能设备及网络,积极开展智慧教育创新研究和示范,推动新技术支持下教育的模式变革和生态重构。

　　开展智慧教育创新示范。协调有关部门,支持在雄安新区等一批地方积极、条件具备的地区,设立10个以上"智慧教育示范区",开展智慧教育探索与实践,推动教育理念与模式、教学内容与方法的改革创新,提升区域教育水平,探索积累可推广的先进经验与优秀案例,形成引领教育改革发展的新途径、新模式。

　　构建智慧学习支持环境。加强智慧学习的理论研究与顶层设计,推进技术开发与实践应用,提高人才培养质量。大力推进智能教育,开展以学习者为中心的智能化教学支持环境建设,推动人工智能在教学、管理等方面的全流程应用,利用智能技术加快推动人才培养模式、教学方法改革,探索泛在、灵活、智能的教育教学新环境建设与应用模式。

加快面向下一代网络的高校智能学习体系建设。适应 5G 网络技术发展,服务全时域、全空域、全受众的智能学习新要求,以增强知识传授、能力培养和素质提升的效率和效果为重点,以国家精品在线开放课程、示范性虚拟仿真实验教学项目等建设为载体,加强大容量智能教学资源建设,加快建设在线智能教室、智能实验室、虚拟工厂(医院)等智能学习空间,积极探索基于区块链、大数据等新技术的智能学习效果记录、转移、交换、认证等有效方式,形成泛在化、智能化学习体系,推进信息技术和智能技术深度融入教育教学全过程,打造教育发展国际竞争新增长极。

加强教育信息化学术共同体和学科建设。与有关部门建立联合工作机制,设立长期研究项目和研究基地,形成持续支持教育信息化基础研究、应用研究和技术开发的长效机制。在协同创新中心、教育部重点实验室等建设布局中考虑建设相关研究平台,汇聚各高校、研究机构的研究基地,建立学术共同体,加强智能教学助手、教育机器人、智能学伴、语言文字信息化等关键技术研究与应用。加强教育信息化交叉学科建设,促进人才、学科、科研良性互动,实现大平台、大项目、大基地、大学科整体布局、协同发展。

(八) 信息素养全面提升行动

充分认识提升信息素养对于落实立德树人目标、培养创新人才的重要作用,制定学生信息素养评价指标体系,开展规模化测评,实施有针对性的培养和培训。

制定学生信息素养评价指标体系。组织开展学生信息素养评价研究,建立一套科学合理、适合我国国情、可操作性强的学生信息素养评价指标体系和评估模型。开展覆盖东中西部地区的中小学生信息素养测评,涵盖 5 万名以上学生。通过科学、系统的持续性测评,掌握我国不同学段的学生信息素养发展情况,为促进信息素养提升奠定基础。

大力提升教师信息素养。贯彻落实《中共中央国务院关于全面深化新时代教师队伍建设改革的意见》,推动教师主动适应信息化、人工智能等新技术变革,积极有效开展教育教学。启动"人工智能＋教师队伍建设行动",推动人工智能支持教师治理、教师教育、教育教学、精准扶贫的新路径,推动教师更新观念、重塑角色、提升素养、增强能力。创新师范生培养方案,完善师范教育课程体系,加强师范生信息素养培育和信息化教学能力培养。实施新周期中小学教师信息技术应用能力提升工程,以学校信息化教育教学改革发展引领教师信息技术应用能力提升培训,通过示范性培训项目带动各地因地制宜开展教师信息化全员培训,加强精准测评,提高培训实效性。继续开展职业院校、高等学校教师信息化教学能力提升培训。深入开展校长信息化领导力培训,全面提升各级各类学校管理者信息素养。

加强学生信息素养培育。加强学生课内外一体化的信息技术知识、技能、应用能力以及信息意识、信息伦理等方面的培育,将学生信息素养纳入学生综合素质评价。完善课程方案和课程标准,充实适应信息时代、智能时代发展需要的人工智能和编程课程内容。推动落实各级各类学校的信息技术课程,并将信息技术纳入初、高中学业水平考试。继续办好各类应用交流与推广活动,创新活动的内容和形式,全面提升学生信息素养。

我国利用信息技术解决了400多万偏远贫困地区学生因师资严重短缺而开课不足的问题。中国的教育信息化应用水平大幅度提升,在国际上也产生了积极的影响。在实践中,我们逐步探索出一条具有中国特色的教育信息化的路子,信息技术与教育教学实践的深度融合,这样一个核心理念也在实践中得到了验证。目前我国正在研究制定教育现代化的文件,对未来教育发展进行全面部署,明确建设教育强国的目标任务、时间表、路线图。未来我国将探索信息时代教育治理的新模式,并进一步推动人工智能等新兴科技在教与学、教育管理、教育服务过程中的融合应用,努力实现更加开放、更加适合、更加人本、更加平等、更加可持续的教育。

二、教育信息化 1.0 到 2.0 的关键跃迁

教育信息化的发展既表现出宏观的方向,也表现出一定的阶段特征。结合《教育信息化 2.0 行动计划》的相关内容以及各界对于教育信息化 2.0 的解读,我们可以从"三个层面＋一个方向"来把握,"三个层面"涉及宏观、中观、微观层面的种种转向,"一个方向"指教育信息化 2.0 发展的最终归宿是面向学生核心素养的发展。

(一) 宏观层面:从基本应用转向融合创新

不少学者指出,早期应用驱动强调的是信息技术与学科教学的整合,即在教与学中使用信息技术手段;其后焦点逐渐转向信息技术与教育教学的深度融合,开始更加关注信息技术对教与学的模式、策略与方法创新的支撑和引领。[①] 从"整合"到"融合"见证了教育信息化 1.0 在信息技术教育应用上的不断深入。教育信息化 1.0 阶段,教育信息化的推进重点是以应用为导向,强调的是信息技术在教师教学活动中的经常性、普遍性应用。迈入教育信息化 2.0 阶段,随着信息技术与教育融合的不断深入,信息化开始引发教育教学的创新发展,因此"创新"成为这一

---

① 杨宗凯,吴砥,郑旭东.教育信息化 2.0:新时代信息技术变革教育的关键历史跃迁[J].教育研究,2018(4):16-22.

阶段发展的关键词。所以从某种意义上来讲,划分1.0和2.0的关键标志就是教育与信息技术融合的程度和深度。前一阶段由于基础设施、教师素质、学校观念等问题,使得部分教师与学校对信息化主动拥抱的少,被动应付的多。从宏观趋势上来讲,教育信息化2.0时代无论在相关政策还是在管理上必将对学校及教师提出更高的要求。它不是简单地使用信息技术,而是实现传统教育的价值重建、结构重组、流程再造、资源重配、文化重塑,改变教育发展的动力结构。《美国国家教育技术计划(2010年)》就曾指出,信息技术在教育领域的应用之所以成效并不那么显著,问题出在:教育界历来只是将信息技术应用于改进教学手段、方法这类"渐进式的修修补补"的工作上,或者只关注了如何运用技术去改善"教与学环境"或"教与学方式",却没有实现由信息技术支持的教育系统的重大结构性变革,而后者才是解决问题的关键所在。这也与《教育信息化2.0行动计划》强调的融合与创新不谋而合。

(二) 中观层面:区域、学校从经验化教育管理转向精准管理

在教育信息化2.0阶段,随着"三通两平台"特别是国家教育管理公共服务平台的建设与应用不断走向深入,通过充分利用大数据和人工智能等新的技术手段提升管理水平,是教育信息化发展的必然要求。尽管教育管理并不直接指向课堂教学,但是其通过资源配置、人员调配、优势互补、查漏补缺等形式为教育质量的提升提供基础性支撑。大体来讲,主要包括以下几个层面:①管理更加精细化。当前,在学校和教育机构中,教育管理者由于无法及时掌握教学与管理综合情况,难以对教育系统进行动态监管。随着教育信息化2.0时代的到来,我们可以对教育大数据进行深入挖掘和分析,将数据分析的结果融入学校的日常管理与服务之中,凸显管理的精准性、智能性、及时性。②管理更加多元化。以往在教育宏观治理中,由于受多种因素

的影响,传统的教育治理体系实质是以政府为核心的垄断型、封闭型(半封闭型)结构。在教育信息化 2.0 时代,借助各种网络信息平台,更多的相关群体将参与意见表达、管理决策、综合评估等,改传统单向维度的利益表达机制为多方利益主体或机构组织共同参与的新治理模式。③决策更加科学化。在过去的教育工作中,一方面由于各部门职能不同,加之信息分享渠道的欠缺导致管理决策片面化。另一方面,由于过去技术本身存在限制,导致相关数据缺少,不少决策只能依靠经验,缺乏科学性。在教育信息化2.0时代,经验将让位于数据,教育宏观决策将用数据"说话"。

(三) 微观层面:教师要求从基本技能转向 ICT 素养

教育信息化 1.0 阶段强调的是信息技术在教育中的普遍应用,对教师的要求更多关注的是信息技术应用能力,旨在让教师把信息技术熟练应用于教育。而在 2.0 阶段,正如前文提到的,它的关键跃迁不在于技术的简单运用,而在于信息技术与教育的深度融合。教师作为教学的引领者,其是否具备良好的信息技术素养,无疑决定着技术所能释放的效益的限度。丁钢教授曾坦言,信息技术与教学整合的真正目的是促进教学方式的转变,而这有待于教师角色的转变。人们越来越多地期待教师能够善于运用各种基于技术的方法或是其他方法,来传授内容、帮助学生及进行学习评估;或与校内外专家、教师合作,将数字化策略运用到学生日常生活;或充当向导和导师,促进以学生为中心的学习。美国教育部教育技术办公室 2016 年发布的最新报告《为未来做准备的学习:重塑技术在教育中的角色》,其中就对教师提出了种种要求,包括重新定位教师的角色、扩大教师的合作范围、强调教师角色的变化以及技术能力的提升等等。① 日本、联合国等也相继对教师的 ICT 能力提出了种种要求。所以

---

① 丁钢.基于技术的教学:如何重新定位教师角色[J].现代远程教育研究,2017(3):44-45.

从整体层面来看,教师 ICT 能力的提升不光是我国教育信息化 2.0 的阶段性要求,更是世界教育信息化发展的必然趋势。从实际情况来看,教师的 ICT 素养不容乐观,拉里·库班(Larry Cuban)曾感慨:"导致长达半个世纪的技术预言始终未能实现的原因主要来自于教师,不少教师使用计算机仅把它当作是改装的打字机而已。"这样类似的现象也同样出现在我国的教育中。教师信息技术应用能力水平整体较低,且发展不均衡,不少教师只会用电脑播放 PPT,除此之外几乎很少会用其他功能。在教育信息化 2.0 阶段,在强调融合创新的背景之下,教师的信息技术应用能力无疑是实现教育现代化的关键,也是未来重抓、狠抓、严抓的核心环节。

阅读材料:1-9

教育部关于实施全国中小学教师信息技术应用能力提升工程 2.0 的意见(节选)[1]

信息技术应用能力是新时代高素质教师的核心素养。2013 年以来,通过实施全国中小学教师信息技术应用能力提升工程,教师应用信息技术改进教育教学的意识和能力普遍提高,但仍然存在着信息化教学创新能力不足,乡村教师应用能力薄弱,支持服务体系不够健全等问题,同时大数据、人工智能等新技术变革对教师信息素养提出了新要求。为深入贯彻习近平新时代中国特色社会主义思想和党的十九大精神,全面贯彻落实全国教育大会精神,按照《中共中央国务院关于全面深化新时代教师队伍建设改革的意见》决策部署,根据《教育信息化 2.0 行动计划》和《教师教育振兴行动

---

[1] 教育部.教育部关于实施全国中小学教师信息技术应用能力提升工程 2.0 的意见 [EB/OL]. (2019-03-21). http://www.moe.gov.cn/srcsite/A10/s7034/201904/t20190402_376493.html.

计划（2018—2022 年）》总体部署，服务国家"互联网＋"、大数据、人工智能等重大战略，推动教师主动适应信息化、人工智能等新技术变革，积极有效开展教育教学，教育部决定实施全国中小学教师（含幼儿园、普通中小学、中等职业学校，下同）信息技术应用能力提升工程 2.0（以下简称能力提升工程）。到 2022 年，构建以校为本、基于课堂、应用驱动、注重创新、精准测评的教师信息素养发展新机制，通过示范项目带动各地开展教师信息技术应用能力培训（每人 5 年不少于50 学时，其中实践应用学时不少于 50%），基本实现"三提升一全面"的总体发展目标：校长信息化领导力、教师信息化教学能力、培训团队信息化指导能力显著提升，全面促进信息技术与教育教学融合创新发展。

（四） 面向核心素养：教育信息化 2.0 的最终归宿

正如褚宏启教授所言，《教育信息化 2.0 行动计划》为下一阶段的教育信息化建设工作指明了方向，提出了要求。但在贯彻行动计划的过程中，要保证教育信息化具有正确的价值取向，谨防技术理性超越价值理性。[①] 2016 年 9 月，北京师范大学发布了《中国学生发展核心素养》研究成果，对学生发展核心素养提出了新的框架和要求。核心素养以培养"全面发展的人"为核心，分为文化基础、自主发展、社会参与三个方面，综合表现为人文底蕴、科学精神、学会学习、健康生活、责任担当、实践创新六大素养，具体细化为国家认同、理性思维等十八个基本要点，这意味着我国教育的人才培养模式、教学模式和课程设置也需围绕核心素养进行相应的改革。而长期以来，我国教育过分关注学生的应试能力，忽视了对学生思考力和创造力的培养，导致学

---

① 褚宏启.为信息技术找到灵魂[J].中国远程教育,2018(9):13-14.

生创新精神和实践能力缺失。传统教学中我们把知识内容单一、缺乏双向互动和反馈、众多学生毫无差异单方面被动接受的学习情况称为"人灌"。如今随着教育信息化发展,不少地方非但没有根除"人灌"的教育现象,反而继续恶化,逐步走向"电灌",即利用电化设备代替教师进行单方面灌输教学。现代教学的根本目标是为了培养创造性人才,实现知识、能力和素质的共同发展。只有重视学生能力的提高,知识的掌握和素养的形成,才能真正体现教师为主体、网络信息技术为传媒、学生发展为归宿的基本导向。《教育信息化 2.0 行动计划》在总体指导思想中就指出,教育信息化的根本方向是"实现更加开放、更加适合、更加人本、更加平等、更加可持续的教育"。教育信息化 2.0 不仅是技术上的升级,更是教育价值、文化的重建,其面向的是学生核心素养的发展,即利用信息技术手段,通过变革教学结构、重组教学流程、营建教学环境等方式,促进学生知识、能力、审美等多方面的和谐发展。图 1-1 为中国学生发展"核心素养"组成图。

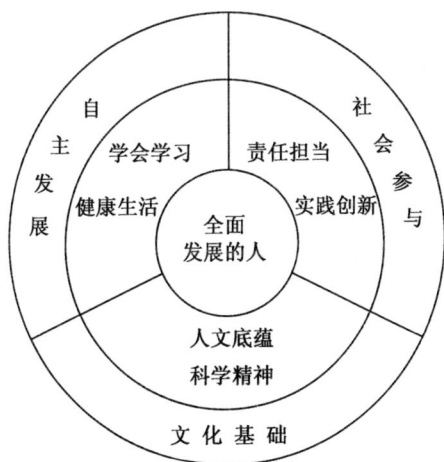

图 1-1　中国学生发展"核心素养"组成图

思考与讨论

1. 结合实际,谈一谈信息时代课堂教学的一般特征。

2. 查阅资料,简单概括国内外教育信息化发展的宏观趋势。

3. 分组讨论,说一说教育信息化从 1.0 到 2.0 的关键性变革。

第二章

目标与要求

教育信息化 2.0 背景下教师能力发展

第一节 困境与出路

——教师作为教育信息化的关键引领者

一、教育信息化的发展困境

纵观国际教育信息化发展路径,大多会经历起步、应用、融合、创新四个阶段。改革开放以来,经过四十年的探索与发展,中国教育信息化已基本完成"起步""应用"两阶段,进入"融合"和"创新"的新阶段。

2012 年,我国发布了《教育信息化十年规划(2011—2020年)》。截至 2017 年,我国教育信息化的主要指标普遍实现了翻倍增长。全国中小学互联网接入率从 25% 提高到 90%,多媒体教室的比例从不足 40% 增加到 83%,教师和学生网络学习空间数量从 60 万个激增到 6 300 多万个。① 尽管我国教育信息化发展迅速,取得了显著成绩,但总体来看,信息技术对教育而言主要还停留于工具层面的简单应用,信息技术支撑下的教育教学模式变革、学校管理体系重构以及信息技术对教育发展的革命性影响还没有得到充分显现。进一步推进信息技术与教育教学的深度融合,充分体现了信息化的发展成效还面临很大挑战。② 比如,数字教育资源开发与服务能力不强,信息化学习环境、平台建设与应用水平不高,中小学一线教师信息技术应用能力较

---

① 杜占元.中国教育信息化取得突破性进展[EB/OL].(2017-11-28)[2017-11-29].http://edu.gmw.cn/2017-11/28/content_26940319.htm.
② 吴砥,余丽芹,李枞枞,等.发达国家教育信息化政策的推进路径及启示[J].电化教育研究,2017(9):5-13.

强,但信息化教学创新能力不足,信息技术与学科教学深度融合特别是信息技术支撑跨学科教学融合的能力尚显不足,教育信息化的高端研究和应用人才还非常稀缺等。而这也是教育信息化迈向深度融合、创新引领的瓶颈所在。早在 2002 年,《教育部关于推进教师教育信息化建设的意见》中就已经提出,"信息化已经引起中小学的教育思想、观念、内容、方法等方面发生深刻变革。要实现信息技术在中小学逐步普及和应用,建设一支数量足够、质量合格的具有较高信息素养的中小学师资队伍是关键"[1]。

📖 阅读材料:2-1

材料一

在中国教育界有一个颇为著名的问题叫"钱学森之问",其实,在国际教育技术领域,也有一个颇为著名的问题,叫"乔布斯之问"。"乔布斯之问"是苹果公司创始人乔布斯生前提出的:"为什么计算机改变了几乎所有领域,却唯独对学校教育的影响小得令人吃惊?"

人类社会自 20 世纪 90 年代初逐渐进入信息时代以来,以多媒体计算机与网络通信为标志的信息技术日益广泛地应用于人们的工作、学习与生活的方方面面,并在经济、军事、医疗等领域显著地提高了生产力,因而在这些领域产生了重大的革命性影响。但令人遗憾的是,信息技术在教育领域的应用却成效不显,对教育生产力的提升,信息技术似乎成了可有可无、锦上添花的东西,而非必不可少的东西,更谈不上对教育发展产生革命性影响。其实,无论以美国为代表的发达国家,还是以中国为代表的发展中国家,教育信息化的工作都可谓轰轰烈烈,都先后经历了基础设施建设阶段和

---

[1] 教育部关于推进教师教育信息化建设的意见[J].管理信息系统,2002(3):8.

强调教学应用阶段,并都在巨额投入之下建成了一定的信息化教育环境。各国下如此大气力,一个最主要的原因就是希望通过教育信息化实现教育质量的提升。然而自 2006 年开始,对教育信息化的反思开始在欧美国家兴起,直到 2009 年美国教育部对 2.1 万名中学生抽样调查的结果实实在在地给"提升质量"这一愿景泼了一盆冷水。调查显示,当时美国中学生在阅读、数学、科学上的能力与 30 年前即个人计算机未进入家庭和学校的时候相比,并没有明显的差异。这究竟是为什么呢?①

材料二

早在 20 世纪 70 年代,许多计算机教育的先行者曾乐观地预言,计算机在教育中的应用将彻底改变学校教育。时至今日,以计算机为核心的信息技术已有了长足发展,它在支持学习和教学方面的潜在优势也越来越大。但一个不可否认的事实是:学校中的课程和教学至今还没有因为使用技术而产生根本的变革。信息技术为什么未能发挥其教育潜能呢?原因十分复杂,其中一个最主要的原因是因为信息技术未能整合于教学之中,即没有把信息技术作为有机的组成部分融入教学中,技术与教学两张皮。因此,整合是信息技术应用于教育的唯一选择和唯一出路。而信息社会的学校课程和教学范式应突破现存的模式,信息技术与课程整合的实质与落脚点是变革传统的教学结构,即要改变以教师为中心的教学结构,创建新型的、既能发挥教师主导作用又能充分体现学生主体地位的"主导-主体型教学结构"。②

---

① 王庆环."乔布斯之问"问出什么教育问题? [N].光明日报,2015-12-08.

② 丁钢.新技术与教学方式的转变——学校变革的核心[J].现代远距离教育,2013(1):5.

二、教师作为关键引领者

在信息技术推动社会发展、引领潮流的时代背景下，信息化水平已成为衡量一个国家现代化水平和综合国力的重要指标。其中教师教育信息化作为教育信息化的重要组成部分，既是推动教育信息化建设的重要力量，也是提升我国信息化水平的中流砥柱。

（一） 教师教育信息化内涵

关于教师教育信息化的内涵，不少学者已做出了详细的解读。如顾小清等从教师专业化发展的角度认为"教师教育信息化是利用现代信息技术促进广大教师专业技能发展和实现自我完善的过程"①。刘福满从教师教育信息化本质的角度认为"教师教育信息化的本质是，在教师教育领域，吸收教育信息化的先进思想，应用现代教育技术手段，改革教师教育的模式和内容，培养具有创新精神、实践能力和信息素养的现代教师"②。教育部师范教育司前司长马立从教师教育信息化的目的角度认为"教师教育信息化旨在把现代信息技术和教育技术应用于教师教育的全过程，实现教师信息化教育和教师教育过程的信息化管理。其目的是以信息化带动教师教育的现代化，实现教师教育的跨越式发展"③。

结合上述观点，总体而言，教师教育信息化的内涵可概括为：教师在教育（包括职前培养、职后培训和在职研修）的过程中，以现代教育理论为指导，充分地应用信息技术和现代教育技

---

① 顾小清,祝智庭,庞艳霞.教师的信息化专业发展:现状与问题[J].电化教育研究,2004(1):12-18.

② 刘福满.论教师教育信息化建设[J].职业技术教育,2005(35):90-91.

③ 教育部师范教育司马立司长就"教师教育信息化"答本刊记者问[J].网络科技时代,2002(9):2-4.

术手段,改革传统的教育模式和内容,实现信息化教育和信息化管理,成为具有创新精神、信息素养、信息化教学与信息化管理能力的现代教师。

(二) 教师角色不可替代性

信息技术的普及,无疑给受教育者以自主接触新知识的机会,受教育者可以利用信息技术工具,以自主自助的形式扩展自己的知识容量并达到教育目的。但受教育者个体对资源的占有、获取渠道、利用能力使得以这种方式实现自主自助的人群存在局限性。近些年来,慕课教育(Massive Open Online Courses,MOOC 大规模开放在线课程)一直被各界寄予了很高的期望。国内外的学者普遍期待它能够提供跨越国界、种族、阶级、性别界限的教育形式,最终实现教育平等的终极理想。然而,根据美国宾夕法尼亚大学在 2013 年 7 月对超过 200 个国家和地区34 779名 Coursera 用户进行的一项调查,大部分 MOOC 活跃用户受教育程度较高,"83％有大专或本科学位,其中44.2％以上的用户达到本科以上学历。这种教育落差在巴西、俄罗斯、印度、中国和南非等发展中国家尤其突出。在这些国家中,近 80％的MOOC 用户来自最富裕、受教育程度最高的 6％的人口"[①]。事实证明大部分群体(大专或本科学历以外人群)全靠自我实现知识容量扩展并不是一件容易的事情。这也间接说明教育者存在的必然性,教师作为关键引领者,其角色自然不可替代。另外,在一些信息化教学环境中,教育者已经开始蜕变为"技术"形态的一种,如网络公开课中的"教师",几乎无法控制就坐在客户端前的学生。教育者的"退隐"对教育生态体系产生了极大的影响,其中一个主要方面就是教育过程中精神生活的迷失。[②] 教育

---

① Emanuel E J. Online Education: MOOCs Taken by Educated Few[J]. Nature,2013,503(7476):342.

② 王鹊.技术赋权视阈下的教育信息化反思[J].中国电化教育,2018(2):96-99.

过程不仅仅体现在知识从教育者向受教育者的流动,也在于一种精神文化在教育者与受教育者之间的传递和交流。技术赋权能够促进教育者与受教育者之间知识的流动,但在精神文化交流的层面上就显得无能为力。信息化教育借助数字化、网络化、智能化、虚拟化的信息技术的便利,在学生获取知识方面确实提供了诸多便利。但是,现代意义上的知识获取并不必然促进精神生活的获得与提升。信息技术可以促进受教育者对知识的掌握,但理论知识的获取并不必然带来精神需求的满足和提升。当代学生作为"数字原生一代",他们面临的最大问题可能就是"越来越多地被技术化的、人为的、人造的现代世界所围裹,他们越来越找不到也感觉不到生命的原初的自然,他们生命的视野先行就被封闭"①。受教育者与技术"照面"的过程,缺乏人与人之间交流时的温情脉脉,也就无法真正满足受教育者的精神需求。教育者负有通过价值性的引导促进受教育者素质提升的责任,他们是受教育者自我建构、自我整合、自我教育的激发者和引导者。因此,试图通过远程教学的手段彻底代替教师的做法(虽然有助于提升教育质量、促进教育公平,尤其是对一些师资薄弱的偏远地区而言),并不是教育信息化的未来方向。我们提倡的是课堂上教育与技术的深度融合,而不是远程教学的替代性满足。

(三)　教师培训的现实诉求

信息时代的到来使得教师专业发展面临新的挑战,教师只有具有教育信息的学习能力和运用能力,才能在现代化的教学过程中灵活地运用教育资源、技术手段,从而构建新型教育课堂,实现新课改中教师角色转变的要求。《教育信息化2.0行动计划》指出,要加强教师信息素养,引导教师主动适应信息化、人工智能等新技术变革,启动"人工智能+教师队伍建设行动"。

---

① 刘铁芳.教育生活的永恒期待[M].长沙:湖南教育出版社,2010:151.

习近平总书记在全国教育大会上指出,要加强教师队伍建设的基础工作,培养造就一支党和人民满意的教师队伍。另外《教育部关于实施卓越教师培养计划 2.0 的意见》中也指出,要推动人工智能、智慧学习环境等新技术与教师教育课程全方位融合。而对于职后教师的信息技术能力培养,要转变培养形式,从传统的教师信息技术应用能力培训方式转变为基于大数据的教师信息技术应用能力培训。

自 2013 年 10 月教育部发布《教育部关于实施全国中小学教师信息技术应用能力提升工程》以来,截至 2017 年底完成 1 472 万人次教师信息技术应用能力诊断测评,全国 1 000 多万所中小学(含幼儿园)教师完成了教师信息技术应用能力培训。[①]《教育信息化 2.0 行动计划》中提出要持续推进"网络学习空间人人通"专项培训,将继续更大范围地培训校长、教师等。同时,开展"一师一优课、一课一名师"、全国职业院校技能大赛教学能力比赛、国家精品开放在线课程等活动来提升教师的信息化教学能力,促进教师专业发展。随着大数据、人工智能等各种新技术不断应用于教育领域,对教师来说,人工智能技术将扮演多种角色,与教师协同合作。[②]所以从总体来看,在当今的数字化时代,在强调教育与技术深度融合的背景之下,教师必须从意识、能力、方法等各个层面适应信息时代的需求,教师的信息化教学能力无疑是未来教师专业发展的关键。也正是在此背景之下,国内外近年来开始纷纷关注教师 ICT 能力的培养,而 ICT 能力也成了 21 世纪的关键性技能。

---

① 杜占元.加快融合创新发展 让教育信息化 2.0 变为现实——在 2018 年全国教育信息化工作会议上的讲话[J].浙江教育技术,2018(3):3-11.

② 李欢冬,樊磊."可能"与"不可能":当前人工智能技术教育价值的再探讨——《高等学校人工智能创新行动计划》解读之一[J].远程教育杂志,2018,36(5):38-44.

第二节 ICT 能力
——信息时代的关键能力

一、ICT 的产生:IT 与 CT 的融合

2000 年 7 月,八国集团在冲绳发表的《全球信息社会冲绳宪章》中宣称:"信息通信技术是 21 世纪促进社会发展的最强有力的动力之一,并将迅速成为世界经济增长的重要动力。"在信息化进程中,行业间的融合以及对信息通信服务的强烈诉求,使得信息技术(Information Technology,简称 IT)与通信技术(Communication Technology,简称 CT)的融合越来越紧密。通常,一个成功的信息应用系统必然要将 IT 与 CT 这两方面的知识和资源有机地结合起来,如远程教育、远程医疗、电子农业、电子政务、电子商务、信息安全等领域。IT 与 CT 的融合,产生了 ICT(Information and Communication Technology,简称 ICT),指的是信息与通信技术。事实上,信息通信业界对 ICT 的理解并不统一,一般意义上其是指以微电子为基础的计算机技术与远程通信技术。联合国发展计划署提出 ICT 是指用来处理、发送和接受信息的工具。余莉等人指出韩国中小学 ICT 教育中所指代的 ICT 是表示应用信息科学原理和方法对信息进行获取、处理和应用的技术,它是集合多种电子信息技术而形成的综合技术。教育领域下的 ICT 技术也具有自身的特征,一些学者认为教育领域中的 ICT 是指以计算机技术为主,网络媒体和相关学科教学软件为辅助的技术手段。与传统的多媒体投影教学相比,其内涵更为丰富。

随着社会信息化程度的加快,ICT 迅速渗透到社会生活的各个领域,改变了人们工作、沟通、学习和生活的方式。ICT 对教育领域也产生了不可忽视的影响,如课堂中电子书包、平板电

脑、智慧课堂教学平台等技术的引入。

阅读材料:2-2

在学校教育中恰当运用信息和通信技术是大有裨益的，这一新兴理念在全球范围内得到广泛认同。这种益处几乎体现在知识和沟通扮演主要角色的所有活动中:从改进教与学的过程到提高学习效果,从提高学生学习投入度到与其父母无缝沟通,从校园网络到更高效的校园管理及监控。总而言之,这一切都不足为怪,ICT 为知识经济和社会发展提供了机会之窗,同时也为教育领域打开了这扇窗。……然而在力争最大化地获得机会之窗所带来的益处时,学校和教师面临着大量问题。他们可能无法负担设备所需的资金,可能无法接入互联网,或者缺少与他们所使用语言一致的优质资源。然而,最根本的问题是:教师是否知道在教学中高效地运用 ICT?[1]

二、社会的需求:ICT 能力应运而生

在生存时空极大扩展、生存空间彻底改变的 21 世纪,具备 ICT 能力是这个时代合格公民的表现之一。费拉里(Ferrari)曾言,"既然数字能力正在当今社会发挥作用,那么对它的掌握既是公民要求也是公民权利"。纳塔莉亚·阿米莉娅也认为数字技能应当成为现在全人类或大部分人需要掌握的技能之一。在

---

[1] UNESCO.ICT Competency Framework for Teachers[EB/OL].(2013-04-14). https://en. unesco. org/themes/ict-eduction/competency-framework-teachers-oer.

全球范围内，培养具备 ICT 能力、批判性思维和创造能力的人才，已成为目前全球教育改革面临的关键难题。ICT 不仅在创造、交换知识与信息中扮演着关键角色，它也使情境学习、探究式学习、项目学习等成为可能。因此 ICT 能力培养无论是对学生还是教师都具有重要意义。由于"ICT 能力"的用语多样，如 ICT 能力、ICT 技能、ICT 素养、数字能力等，其具体定义的内涵也十分丰富。鲍顿（Bawden）指出，与"ICT 能力"意义相似的不同术语称谓在学术文献中多达上百种，①并且随着信息技术的发展不断演变。麦考斯凯特（Markauskaite）认为 ICT 能力是指与 ICT 使用相关的可迁移能力的集合，其中"能力"涵盖知识、技能、行为、态度与品质。"与 ICT 使用相关"限定 ICT 能力必须通过 ICT 工具培养，"可迁移"表明不限于专门情境的普适能力。② 结合一些学者的观点，教师 ICT 能力主要是指作为教师角色操作信息与交流技术的能力。对于教师而言，教师 ICT 能力的着眼点是教师通过对教育教学信息和信息资源的搜索、评价、获取、表达、交流和整合加工优化教学，促进学生学习以及自身职业素质和能力的提高。③

---

① Bawden, D. Progress in Documentation-Information and Digital Literacies: A Review of Concepts[J].Journal of Documentation,2001(2):218-259.

② Markauskaite, L. Towards An Integrated Analytical Framework of Information and Communications Technology Literacy: From Intended to Implemented and Achieved Dimensions[J].Information Research,2006(3):n3.

③ 龙丽嫦.中小学教师 ICT 技能培训评价体系的研究[J].中国电化教育,2012(4):64-68.

阅读材料：2-3

网络时代教师必备之八项信息技术①

◇ 信息检索技术—Google/Baidu

◇ 表达展示技术—PowerPoint

◇ 实践反思技术(教师叙事交流技术)— Blog

◇ 探究教学技术—WebQuest

◇ 教学评价技术—Rurbic

◇ 思维汇聚技术—Concept map/Mind map

◇ 网络教学技术—Moodle

◇ 资源管理技术—Igooi/Mypip

三、ICT 能力发展过程与基本内容

就 ICT 能力的具体内容而言,各界依然没有统一的标准。在此引述学者时燕妮等的相关梳理,以作简要说明。其通过对大量 ICT 能力框架的梳理,按照界定能力范畴、归并相似定义、统一称谓的操作流程,对其包含的子能力作了详细整理,归纳得到的成分集合包括信息定义、获取、管理、整合、评价、创造、通信、合作、问题解决与恰当使用 ICT,具体参见表 2-1。②技术情境与一般认知是 ICT 能力的两个本质因素,一般认知维度的存在意味着 ICT 能力必然会与其他素养相结合。在 ICT 能力的发展过程中,Martin(2006)指出 ICT 素养的发展存在三个阶段:第一阶段,ICT 能力仅关注技术知识和技能,技术因素占主导,一

---

① 焦建利.网络时代教师必备之八项信息技术[J].信息技术教育,2007(1):54.

② 时燕妮,石映辉,吴砥.面向未来教育的新能力发展:ICT 素养内涵、演化及其启示[J].比较教育研究,2018(3):3-11.

般认知范围狭小且拓展缓慢;第二阶段,强调计算机作为工具应用于日常学习、工作,各种其他认知快速介入;第三阶段,随着应用深化,现有知识和技能彰显不足,面向问题解决的各领域认知、元认知能力继续快速融入。[①]ICT 能力演化进程如图 2-1 所示。

表 2-1 ICT 能力成分定义

能力成分	定义
定义	使用 ICT 工具并合理表示所需信息
获取	在技术环境中收集、过滤并取回信息
管理	按照某种组织结构或分类方式存储信息以便重新使用或检索
整合	通过 ICT 工具对多渠道来源的信息进行比对、总结、合成以合理解释信息
评价	对信息质量、可靠性、相关性、有用性和有效性做出判断
创造	在 ICT 环境中通过改编、应用、设计、发明、创作等方式产生新信息
通信	根据受众选择适宜的工具、媒体并创造合适的内容进行信息共享和交换
合作	通过 ICT 互联环境与本地或全球的其他合作者或团队有效工作,拓宽视野,共同构建新知识或解决方案
问题解决	合理选择并使用 ICT 工具定义、调查问题,寻求解答方案从而解决问题
恰当使用 ICT	评判性使用 ICT,能够自我保护,尊重他人及其知识产权,有安全意识、道德与法律意识

---

① Martin, A. Literacies for the Digital Age: Preview of Part 1[M]//Digital Literacies for Learning. London: Facet Publishing, 2006:3-25.

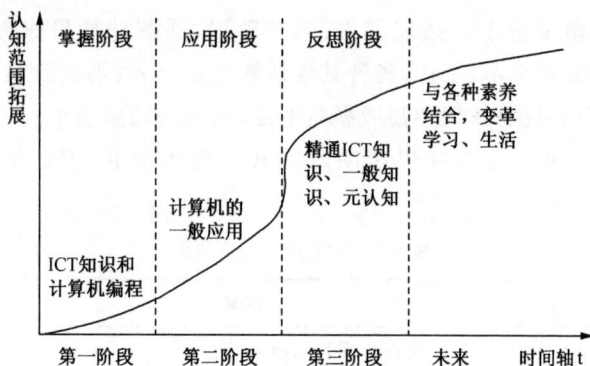

图 2-1 ICT 能力演化进程

第三节 借鉴与启示
——国内外教师 ICT 能力基本模型

一、整合技术的学科教学知识(TPACK)模型

TPACK(Technological Pedagogical Content Knowledge),即整合技术的学科教学知识,是美国学者科勒(Koehler)和米什拉(Mishra)于 2006 年提出的理论模型。其提出者认为 TPACK 是面向研究者和教师专业发展人员的,通过呈现框架来反映一种思维方式,描述的是教师应该理解的一种事物。① 张静认为 TPACK 是教师未来专业发展必备能力,有利于提高教师掌握和运用信息技术的能力,对理解信息化教学诉求下教师知识发展具有重要意义。②

TPACK 模型包含三个核心要素,即 TK(技术知识)、CK(学

---

① 张宝辉,张静.技术应用于学科教学的新视点——访美国密歇根州立大学马修·凯勒教授[J].开放教育研究,2013(2):4-11.

② 张静.三重视角下融合技术的学科教学知识之内涵与特征[J].远程教育杂志,2014(1):87-95.

科内容知识)和 PK(教学法知识);四个复合要素,即 TPK(整合技术的教学法知识)、TCK(整合技术的学科内容知识)、PCK(学科教学知识)以及 TPACK(整合技术的学科教学知识)。TPACK 是在技术、教学法与学科内容的相互作用中产生的,它并不是三者的简单相加,而是强调技术与学科教学深入、有意义的整合。技术、教学法以及学科内容之间是一种动态关系,在不同情境下,技术、教学法及学科内容之间的关系也不一样。[①] 专家型教师要能够将技术、教学法与学科内容整合的知识灵活地应用于学科教学,能够根据教学实际创设独特的技术、教学法与学科内容的整合方式,从而达到最好的教学效果。[②] TPACK 的框架如图 2-2 所示。

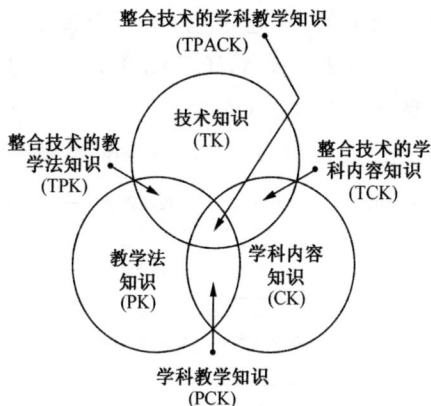

图 2-2　TPACK 模型

　　TPACK 模型对教师 ICT 能力发展具有一定指导意义,但还不够具体明确,而结构清晰、可操作性强的 ICT-CFT 框架是对其的一个补充。对于新世纪教师来讲,成功实施技术整合应具备知识和能力两个方面。TPACK 展现了教师运用信息技术

---

①　罗忻,吴秀圆.论 TPACK 视域下专家型教师培养模式的转变[J].现代教育技术,2013(7):9-13.

②　Cox S, Graham C R. Using An Elaborated Model of the TPACK Framework to Analyze and Depict Teacher Knowledge[J].TechTrends , 2009(5):61.

进行整合教学所应具备的知识基础,属于知识框架。ICT-CFT框架详细描述了教师运用信息技术进行有效教学所应具备的能力,属于能力框架。[①]

二、联合国《教师信息与通信技术能力框架(ICT-CFT)》

2011 年联合国教科文组织推出了第二版《教师信息与通信技术能力框架》[②]。该框架以技术素养、知识深化、知识创造三大教学方式为一级框架,以理解教育中的 ICT、课程与评估、教学法、信息与通信技术(ICT)、组织与管理、教师专业学习等六大教育焦点领域为二级框架,构建了包含 18 个模块的教师能力体系。该框架模型如图 2-3 所示,ICT-CFT 对三大教学方式下教师能力的整体要求和描述如表 2-2 所示。

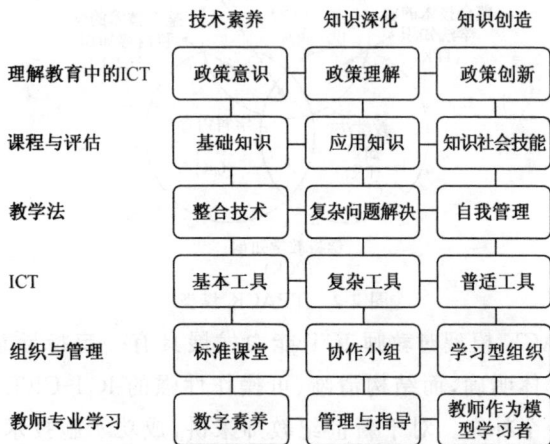

	技术素养	知识深化	知识创造
理解教育中的ICT	政策意识	政策理解	政策创新
课程与评估	基础知识	应用知识	知识社会技能
教学法	整合技术	复杂问题解决	自我管理
ICT	基本工具	复杂工具	普适工具
组织与管理	标准课堂	协作小组	学习型组织
教师专业学习	数字素养	管理与指导	教师作为模型学习者

图 2-3 2011 版联合国 ICT-CFT 模型

---

① 吴焕庆,崔京菁,马宁.面向数字教师的《ICT-CFT》框架与 TPACK 框架的比较分析[J].电化教育研究,2014(9):109-115.

② ICT Competency Framework For Teachers[EB/OL]. https://en. unesco. org/themes/ict-eduction/competency-framework-teachers-oer.

表 2-2 三大教学方式下教师能力的整体描述

模块	技术素养下的教师能力	知识深化下的教师能力	知识创造下的教师能力
模块 1：理解教育中的 ICT	教师必须能够意识到这些政策，并能清晰说明教室中的活动如何与政策保持一致	教师应深入理解国家政策和迫切的社会需求，能够设计、修改和实施支持这些政策的课堂实践	教师必须理解国家政策的目的，能够对教育改革政策的讨论有所贡献，并参与设计、执行和修改旨在实施这些政策的计划
模块 2：课程与评估	教师必须有非常扎实的关于本学科的课程标准、标准评价策略等方面的知识。除此之外，教师还必须能将技术整合到课程中	教师必须深入理解所授学科的知识，并能在各种情境下灵活运用。他们还必须能够创设复杂的问题情境，其解决方案可以测量学生对知识的掌握程度	教师必须了解复杂的人类发展，例如认知、情感和生理发展。他们必须知道在怎样的情境下学习者可以更好地学习，必须预测并有能力解决学生遇到的各种问题，必须具备支持复杂过程的能力
模块 3：教学法	教师必须知道要在何时（以及不在何时）、何地、对谁，以及如何在课堂活动与授课中使用 ICT	教学以学习者为中心，教师以富有技巧的方式、有目的地开展教学，同时要设计问题任务、引导学生学习、支持学生的合作活动。在这个角色中，教师需要具备帮助学生创造、实施和监测项目计划和解决方案的能力。此外，教师还需要注重学习中的评价，并以此作为基本的原则来指导自己的实践	在这种办法中，教师的作用是明确地模拟这种学习过程，构建情境让学生运用这些认知技能

模块	技术素养下的教师能力	知识深化下的教师能力	知识创造下的教师能力
模块 4：ICT	教师必须知道基础的软硬件操作，以及办公软件、浏览器、通信软件、演示软件和管理应用软件	教师必须熟悉各种学科工具和应用程序，能够在各种基于问题或项目的情境中灵活使用这些工具与程序。学生在分析和解决所选定的问题时，教师应当能够使用网络资源来帮助学生合作、获得信息、与外部专家交流。教师应当能够使用信息与通信技术创建和监控学生个人与小组的项目计划	教师必须能够设计基于信息和通信技术的知识社区，并运用信息和通信技术来支持培养学生的知识创造技能及其持续的反思型学习
模块 5：组织与管理	教师能在全班、小组、个人学习活动中使用技术，并确保每个学生都可平等获取资源	教师必须能够创建灵活的课堂学习环境，在这种环境中，教师必须能够整合以学生为中心的活动，并且灵活地应用技术来支持合作	教师应能够发挥领导作用，培训同事并为之提供后续支持，建立和实施其学校愿景：基于信息与通信技术的创新和持续学习社区
模块 6：教师专业学习	教师必须具备必需的网络资源的技术性知识与能力，以便使用技术获得更多的学科内容与教学法知识，来促进其专业发展	教师必须要有能力和知识来创建和管理复杂的项目，与其他教师合作，使用网络去获取信息、与其他同事或外部专家联系来支持他们的专业学习	教师还必须具备能力、动机、意愿、鼓励和支持来实验、持续学习和运用信息通信技术来创造一个基于知识创新的专业学习社区

三、我国《中小学教师信息技术应用能力标准(试行)》

进入 21 世纪以来,我国教育部十分重视教师信息技术应用能力建设,在政策层面上发布多个规划和指导意见以保证教师信息技术应用能力的建设与发展,希望通过各种途径和手段帮助教师提高信息技术应用能力水平,让他们能够有效应用信息技术,提高教学质量。教育部于 2013 年 11 月 19 日启动全国中小学教师信息技术应用能力提升工程,并于 2014 年 5 月 27 日发布了《中小学教师信息技术应用能力标准(试行)》,从技术促进教学和优化学生学习两个领域,在五个维度(技术素养、计划与准备、组织与管理、评估与诊断以及学习与发展)上对中小学教师信息技术应用能力进行了标准界定。我国的标准注重优化课堂教学、转变学习方式,较符合我国教师信息技术应用能力发展实际,详细指标见表 2-3 所示。

表 2-3　中小学教师信息技术应用能力标准(试行)[①]

维度	Ⅰ.应用信息技术优化课堂教学	Ⅱ.应用信息技术转变学习方式
技术素养	1.理解信息技术对改进课堂教学的作用,具有主动运用信息技术优化课堂教学的意识	1.了解信息时代对人才培养的新要求,具有主动探索和运用信息技术变革学生学习方式的意识
	2.了解多媒体教学环境的类型与功能,熟练操作常用设备	2.掌握互联网、移动设备及其他新技术的常用操作,了解其对教育教学的支持作用
	3.了解与教学相关的通用软件及学科软件的功能及特点,并能熟练应用	3.探索使用支持学生自主、合作、探究学习的网络教学平台等技术资源

[①]　教育部办公厅关于印发《中小学教师信息技术应用能力标准(试行)》的通知[EB/OL]. http://www.moe.gov.cn/srcsite/A10/s6991/201405/t20140528_170123.html.

维度	Ⅰ. 应用信息技术优化课堂教学	Ⅱ. 应用信息技术转变学习方式
技术素养	4. 通过多种途径获取数字教育资源，掌握加工、制作和管理数字教育资源的工具与方法	4. 利用技术手段整合多方资源，实现学校、家庭、社会相连接，拓展学生的学习空间
	5. 具备信息道德与信息安全意识，能够以身示范	5. 帮助学生树立信息道德与信息安全意识，培养学生良好行为习惯
计划与准备	6. 依据课程标准、学习目标、学生特征和技术条件，选择适当的教学方法，找准运用信息技术解决教学问题的契合点	6. 依据课程标准、学习目标、学生特征和技术条件，选择适当的教学方法，确定运用信息技术培养学生综合能力的契合点
	7. 设计有效实现学习目标的信息化教学过程	7. 设计有助于学生进行自主、合作、探究学习的信息化教学过程与学习活动
	8. 根据教学需要，合理选择与使用技术资源	8. 合理选择与使用技术资源，为学生提供丰富的学习机会和个性化的学习体验
	9. 加工制作有效支持课堂教学的数字教育资源	9. 设计学习指导策略与方法，促进学生的合作、交流、探索、反思与创造
	10. 确保相关设备与技术资源在课堂教学环境中正常使用	10. 确保学生便捷、安全地访问网络和利用资源
	11. 预见信息技术应用过程中可能出现的问题，制定应对方案	11. 预见学生在信息化环境中进行自主、合作、探究学习可能遇到的问题，制定应对方案
组织与管理	12. 利用技术支持，改进教学方式，有效实施课堂教学	12. 利用技术支持，转变学习方式，有效开展学生自主、合作、探究学习
	13. 让每个学生平等地接触技术资源，激发学生学习兴趣，保持学生学习注意力	13. 让学生在集体、小组和个别学习中平等获得技术资源和参与学习活动的机会
	14. 在信息化教学过程中，观察和收集学生的课堂反馈，对教学行为进行有效调整	14. 有效使用技术工具收集学生学习反馈，对学习活动进行及时指导和适当干预

维度	Ⅰ.应用信息技术优化课堂教学	Ⅱ.应用信息技术转变学习方式
组织与管理	15.灵活处置课堂教学中因技术故障引发的意外状况	15.灵活处置学生在信息化环境中开展学习活动发生的意外状况
	16.鼓励学生参与教学过程,引导学生提升技术素养并发挥其技术优势	16.支持学生积极探索使用新的技术资源,创造性地开展学习活动
评估与诊断	17.根据学习目标科学设计并实施信息化教学评价方案	17.根据学习目标科学设计并实施信息化教学评价方案,并合理选取或加工利用评价工具
	18.尝试利用技术工具收集学生学习过程信息,并能整理与分析,发现教学问题,提出针对性的改进措施	18.综合利用技术手段进行学情分析,为促进学生的个性化学习提供依据
	19.尝试利用技术工具开展测验、练习等工作,提高评价工作效率	19.引导学生利用评价工具开展自评与互评,做好过程性和终结性评价
	20.尝试建立学生学习电子档案,为学生综合素质评价提供支持	20.利用技术手段持续收集学生学习过程及结果的关键信息,建立学生学习电子档案,为学生综合素质评价提供支持
学习与发展	21.理解信息技术对教师专业发展的作用,具备主动运用信息技术促进自我反思与发展的意识	
	22.利用教师网络研修社区,积极参与技术支持的专业发展活动,养成网络学习的习惯,不断提升教育教学能力	
	23.利用信息技术与专家和同行建立并保持业务联系,依托学习共同体,促进自身专业成长	
	24.掌握专业发展所需的技术手段和方法,提升信息技术环境下的自主学习能力	
	25.有效参与信息技术支持下的校本研修,实现学用结合	

四、国内外教师 ICT 能力标准对比

为适应信息时代的教育信息化发展,各国都根据自己的实际情况制定了相应的 ICT 能力标准框架,表 2-4 为国内外教师 ICT 能力标准框架对比表。纵观各国对教师 ICT 能力的描述,不难发现其基本围绕着横向的领域内容和纵向的层级结构展开。从横向的领域内容来看,其主要包括在教学中、学校事务中、在自身专业发展中使用 ICT 的能力。从纵向的层级结构来看,其能力结构包括从基本的技术使用到融合创新的层次序列。整体而言,各国教师 ICT 能力标准基本体现了以下几个关键特征:①强调对学生学习的促进,涵盖了学习环境的创设、师生交流、学习资源的制作等诸多方面;②强调对教学过程的支持,体现在信息化教学设计、教学组织、教学评价和教学管理等贯穿教学的各个环节;③强调技术的全面融合,体现在教师需将技术应用于教师的生活、工作和自我发展等各个方面。

表 2-4 国内外教师 ICT 能力标准框架对比表①

标准	标准框架
美国 NETS-1	1. 促进学生学习的能力 2. 信息化教学设计与评价 3. 技术全面融合 4. 技术应用道德与责任 5. 专业发展与领导力
英国 ICT 标准	1. 技能和实践 2. 知识和理解 3. 价值与品质

---

① 张文.国外教师信息技术应用能力标准对比分析[J].中国教育信息化,2018(4):82.

续表

标准	标准框架
韩国 ICT 标准	1. 信息收集 2. 信息分析与加工 3. 信息传送与交流 4. 信息伦理与保护
澳大利亚教师专业标准	1. 技术与学生关系 2. 信息化教学设计 3. 信息化教学组织 4. 信息化教学评价 5. 信息化学习管理
联合国教科文组织 TIP 标准	1. 理解与操纵 2. 理解与支持学习 3. 理解与加工课程知识及资源 4. 理解与致力于专业实践
中国中小学教师信息技术应用能力标准(试行)	1. 技术素养 2. 计划与准备 3. 组织与管理 4. 评估与诊断 5. 学习与发展

阅读材料:2-4

澳大利亚 ICT 能力评估框架[①]

◇ 获得信息。甄别所需信息,知道如何找到和检索信息。

◇ 管理信息。组织和存储信息供检索及再利用。

◇ 评价。反思用于设计的过程,构建 ICT 解决方案,做出有关信息真实性、相关性、实用性的判断。

◇ 形成新的理解。通过合成、改编、应用、设计、编写、创造信息与知识。

---

① 唐科莉.为 21 世纪的数字化世界做好准备——澳大利亚《2014 年国家评估项目:ICT 素养报告》分析[J].世界教育信息,2016(3):50-54.

◇ 沟通。通过分享知识交流信息,创造适合观众、背景和媒介的信息产品。

◇ 正确使用 ICT。做出关键的、具有反思性和战略性的 ICT 决策,在充分考虑社会、法律和宗教问题的前提下,正确使用 ICT。

美国对于教师 ICT 能力的要求[①]

◇ 项目:能够突破校园围墙、语言文化等限制,实现全球范围内的交流、合作。

具体要求:通过应用诸如视频会议、在线交流或社交媒体等工具,全球各地来自大城市抑或偏远乡村的教师得以能够与同行和专家建立在线学习社区,实现个人的职业发展。

◇ 项目:能够设计有趣的、贴近现实的学习资源和学习体验。

具体要求:教师可以要求学生玩"因子武士"(Factor Samurai)、"拯救小怪兽"(Wuzzit Trouble)和"寿司怪兽"(Sushi Monster)等电子游戏,以更快地掌握新概念和相关知识。

◇ 项目:能够引导对新开发、应用的学习技术的评估和实施。

具体要求:能够对自己以及学生和同事的教育技术需求有广泛的了解,可以在少数学生中试点所选择的技术,以快速和严格的方法评估实施情况,以及该技术是否能产生预期的结果;能够引导那些有技术支持学习经验的人与管理者一起决定如何与其他教师分享他们的学习。

---

① Office of Educational Technology. Reimagining the Role of Technology in Education: 2017 National Education Technology Plan Update [EB/OL]. https://tech.ed.gov/files/2017/01/NETP17.pdf.

◇ 项目:能够成为学习者的向导、促进者和激励者。

具体要求:能够通过了解如何帮助学生获取在线信息,参与真实事件的模拟,并使用技术记录他们的世界,帮助学生检查问题和深入思考学习;帮助学生在不同的学科领域建立联系,并决定通过诸如在线论坛等活动收集和展示学习的最佳工具。

◇ 项目:能够与学生和同龄人共同学习。

具体要求:能够模型化利用可用的工具,以好奇心和专注于解决问题的心态参与内容,以及成为知识的共同创造者。

◇ 项目:能够成为服务弱势群体的催化剂。

具体要求:能够支持网络学习,使所有的学生在需要的时候都有权平等地接触擅长在技术支持的学习环境中教学的教育工作者。

韩国对于教师 ICT 能力的要求[①]

◇ 项目:能够收集信息,进行评价、保存与管理。

具体要求:能够掌握辅助存储器中目标信息的位置,能够进入并浏览目标信息;可以应用校园网,能够找到、进入并浏览目标信息;可以应用网络浏览器,进入并浏览目标信息;可以应用网页搜索网址,能够找到、进入并浏览目标信息;能将阅读过的信息复制并发送到个人电脑上;能够通过外部设备(扫描仪、数码相机等)传送信息;能够评价、选定教与学过程中需要的软件及目录中的内容;能够保存与管理访问过的网站目录;能够将收集的信息按照不同类别保存在个人电脑上,并进行管理;能够对收集的文件进行压缩和解压缩;能够安装、删除教

---

① 崔英玉,曲飞,高亚杰.韩国《教师 ICT 应用能力标准》参考与借鉴[J].中国信息技术教育,2008(4):13-15.

学和学习中需要的软件；能够检索 H/W、S/W 是否正常运行，解决简单的运行错误。

◇ 项目：能够进行信息分析与加工。

具体要求：能够熟练进行 word 程序资源的制作与编辑、统计分析软件工具的加工与处理、多媒体素材的制作与编辑。

◇ 项目：能够进行信息传送与交流。

具体要求：能够将收集、加工的信息用相关的再现设备（投影电视、液态投影仪等）及打印机输出；能够在教育软件中找到并指出需要的信息及资源；能够在局域网内实现不同计算机之间的文件和打印机的共享；能够设置必要的插座；能够利用电子邮件、网络留言板来接收和发送资源；用非即时手段（电子邮件、Web 留言簿等）和即时手段（聊天工具等）进行沟通。

◇ 项目：能够进行信息伦理与保护。

具体要求：对知识信息社会具有一定的认识；能够防止不健康信息的流通；能够保护信息产权；正确进行个人信息管理及遵守网络道德规范。

英国为教师更好发展 ICT 能力提出的几点建议[①]

◇ 发现好的实践活动并根据信息技术设置活动计划

具体要求：向获得英国教育与传播技术署奖励的教师学习，学习他们与学生一起以创造性的方式使用 ICT。审视自我实践，并确定教师持续专业发展计划（CPD）的发展区域。与其他教师一起协作，以学生感兴趣的方式将 ICT 融入学科教学中去。加入网络社区，积极参加实践讨论活动。

---

① 蒋艳红.英国 21 世纪教师 ICT 能力培养新发展[J].中国信息技术教育，2011(1)：99-101.

◇ 审视如何让学生认识 ICT

具体要求：为学习者提供机会表达他们如何才能更愿意利用 ICT 进行学习。拓展使用 ICT 的范围，如使用学习平台、教育游戏或电子邮件等方式。与学生一起讨论对学校信息安全建设方面的建议。

◇ 思考如何运用 ICT 拓展学习空间并与家长交流

具体要求：使用学习平台布置家庭作业并与家长交流沟通。教会家长当学生在家使用 ICT 时如何保证孩子的上网安全。

第四节　面向新时代

——教师 ICT 能力三阶标准

如今的信息社会为所有受教育者提供了一个充分开放的教育环境，尤其是资源共享、在线学习等教育形式的出现，极大地推动了我国教育均衡化发展的进程。2018 年，随着《教育信息化 2.0 行动计划》的发布，我国正式迈向教育信息化 2.0 时代。但不得不指出，当下的教育信息化 2.0 是基础阶段，是从 1.0 刚步入 2.0 的阶段，是"保基础与求创新"的统一。尽管我国基础教育信息化整体上已取得了十分瞩目的成就，但是各地在推进基础教育信息化过程中，仍存在发展不平衡不充分的问题，特别是城乡、区域、校际教育信息基础设施与数字资源的配置存在较大差距。尤其是城乡之间，受经济社会发展水平、资金投入、师资培训、家庭文化及对教育的重视程度等方面的影响，教育信息化发展差距尤为显著。从硬件设施和基础条件来看，城市中小学校数字资源开发多，且建成了一大批符合目前中小学生心理及生理特征的数字化网络资源。目前有条件的城市中,中小学相关课程资源已全部实现网络化,作业也通过 QQ、微信等载体进行布置和批改,而农村的中小学在这方面则显得十分滞后。究其原因,一方面是缺少设备,难以开展;另一方面是家长、学生等接触电脑较少,缺少相关的信息技术素养,导致相关教育信息化工作不接地气。而在教师队伍上,其专业化发展程度也存在较大的差异,近年来师范类大学本科生毕业后绝大多数选择了留在城市,回农村的大学生较少,导致农村教师队伍的信息化水平相对较低。另外,由于缺乏组织和支持,农村中小学教师信息技术培训硬件和软件条件也与城市中小学相差甚远。正是基于这种教师信息化发展水平参差不齐的基本现状,我们基于智慧课堂提出了教育信息化 2.0 时代的教师 ICT 能力三阶标准,以满足不同层次水平的教师发展需求。

一、基础标准：会用

会用阶段:通过听课、磨课、评课等形式能够简单地模仿、借鉴和利用一些学科内教育与技术融合的教学案例、教学模式等,提升课堂的教学效率。

表 2-5 会用阶段能力标准

模块	标准
理论方法	1. 理解教育与技术融合的关键方法及手段 2. 宏观上正确判别教育与技术融合的科学性、合理性、有效性 3. 理解信息技术对改进课堂教学的变革意义
技术素养	1. 具有主动运用信息技术优化课堂教学的意识 2. 了解多媒体教学环境的类型与功能,熟练操作常用设备 3. 熟练使用学科教学基本软件 4. 通过多种途径获取数字教育资源,掌握加工、制作和管理数字教育资源的工具与方法

续表

模块	标准
学科教学	1. 会用教育相关技术,改变传统教学模式 2. 掌握利用智慧课堂教学平台进行学科的导学单设计、活动分组、作业分析等,基本能够流畅、完整地利用智慧课堂教学平台进行正常教学

二、进阶标准:融合

融合阶段:能够在深刻理解学科核心素养的基础上,知道学科的基本教学模式、基本课型、关键知识点如何与信息技术相结合;知道如何在课堂教学、小组合作、自主学习、综合实践与探究等不同形式的学习活动中,在课前、课中、课后等不同学习环节中,在平时学习、期中巩固、期末复习等不同学习时段中,恰当、合理地运用信息技术手段。

表 2-6 融合阶段能力标准

模块	标准
理论方法	1. 理解和把握学科的核心素养 2. 掌握学科课程发展的基本动向和改革要点
技术素养	1. 掌握特定学科领域的技术工具,例如科学中的可视化软件,数学中的几何画板等等 2. 掌握互联网、移动设备及其他新技术的常用操作,了解其对教育教学的支持作用 3. 能够主动探索支持学生自主学习、师生交互的网络教学平台等技术资源
学科教学	1. 能够知道学科的基本教学模式、基本课型、关键知识点如何与信息技术相结合 2. 知道如何利用信息技术支持各种类型、各种形式的学习活动等 3. 能够结合学科特点灵活利用智慧课堂教学平台的数据分析、及时反馈、师生互动等功能,体现教学的精准性、高效性

三、最高标准：创新

创新阶段：能够在学科教学与教育技术深度融合的基础上，组织教师团体、学科带头人等，整合相关资源与技术，探究、开发、推广新颖有效的教学案例、教学模式、教学方法等，实现高效课堂的区域化辐射与创新。

表 2-7　创新阶段能力标准

模块	标准
理论方法	1. 熟练掌握教学设计的相关理论与方法 2. 能够把握信息化教学设计与传统教学设计的关键区别
技术素养	1. 能够结合相关教育理论，知道如何开发教学模式、教学案例等 2. 能够通过实验、测量工具等收集数据、分析数据，科学地评价教学模式、案例的效果 3. 能够充分利用技术分享和传播创新性的教学模式及案例等
学科教学	1. 结合学科特点，创造性地使用智慧课堂教学平台的相关功能，实现技术效益的最大化 2. 结合使用智慧课堂教学平台的相关功能，开发创新教学模式，如专家式教学模式、个性化学习模式等

📖 思考与讨论

1. 结合自身经验和实际案例，谈谈信息技术对课堂教学的作用、意义。

2. 结合教育信息化 2.0 的时代背景及相关资料，谈谈教师信息技术能力的构成。

第三章

会用 融合 创新
面向教育信息化 2.0 的教师能力三阶标准

第一节　有效教学

——会用阶层的能力分析与教学实践

一、我们的课堂真的有效吗？

在教育信息化 2.0 背景下,教育与信息技术融合的最低要求就是实现有效教学。我们的课堂不是技术的展示课,而是真正面向学生知识建构和能力发展的"实惠课"。一堂好课关键性的评价标准不是环节有多丰富、设计有多巧妙,而是学生在课堂中的参与度及知识的掌握程度。然而,从国内中小学的整个教学状况来看,无效教学的现象大量存在。其结果是学生苦学、厌学,甚至辍学,这不仅对学生的发展、进步无益,更使教师陷入教学负担无限加重的怪圈。

📖 阅读材料 : 3-1

> 有调查显示,目前中小学教师的无效劳动大约占 50%。另外,西北地区基础教育新课程实验跟踪研究课题组对甘肃、宁夏国家新课程实验区小学教学进行调查,关于教学活动引起学生兴趣和调动学生积极性的统计表明,其中"完全可以"占 60.14%,"有时可以"占 34.97%,"不可以"占2.76%。①

---

① 肖成全,等.有效教学[M].大连:辽宁师范大学出版社,2006:1-2.

据《中国教育调查》显示,普通高中教师每天工作时间平均达 11 个小时以上。教师患咽喉炎的比例为 80％左右,患胃肠道疾病的比例为 30％左右,患颈肩椎类疾病比例为 22％左右。①

而对教师工作时间进一步分析显示,中小学教师日均花费在作业批改和课外辅导上的时间接近 3 小时,远远超过课堂教学时间。②

尽管我们不能以偏概全,但是从上面的数据可以断定:无效教学的现象大量存在。当我们不断呼唤要给教师减负时,一个先决前提就是要了解到底是什么使教师负担过重。大量的研究显示,无效教学才是造成教师教得苦的病根!无效教学主要体现在以下几个方面。

（一） 重复、低效的备课

目前不少学校要求"一课一备",而且要求教案有固定的格式、工整的书写。但是核心的问题是缺乏反思、不具备实用性。备课本上写的东西多是为了应付学校教导处等管理机构的检查,按部就班、陈旧老套,缺乏自己的思考。教师"书写"的时间大于"思考"的时间——将大多数备课的时间用于书写、用于文字的堆砌,缺乏思考和原创,实用价值不大。另外,更重要的是不少教师备课凭经验备、凭感觉备,教案写得花里胡哨,看似环节分明、活动丰富,但是这样的教案真的是基于学生学情吗? 我们习惯于想当然、习惯于按照传统的模式进行,而事实上传统的模式由于缺乏技术的支持、数据的反馈,使得我们只能凭感觉走。这样的备课造成的最大问题就是该讲的不讲,不该讲的大

---

① 肖成全,等.有效教学[M].大连:辽宁师范大学出版社,2006:4.

② 秦玉友,赵忠平,曾文婧.义务教育教师教学工作时间结构研究——基于全国 10 省 20 市(县)的数据[J].教师教育研究,2017(4):39-45.

讲特讲。这样的课堂能有效率吗?

很显然,这样的教案是"死"的,这样的备课是无效的。另外,校内之间、校与校之间、区域之间也没有形成良好的资源共享纽带。10个教师上同一堂课就要备10次课,做10个PPT,可想而知在这之中有多少重复劳动的时间。尽管我们说备课有助于教师发展,但是我们每一堂课都像公开课一样备,这是不可能的事情,不仅给教师造成巨大负担,更使得备的课泛而不精,缺乏可推广、可利用的价值。

📖 **阅读材料:3-2**

就我自己而言,虽然我所在的一年级采用的是集体备课的形式(电脑打印稿),但我仍觉得工作量很大,且容易造成浪费(主要指打印纸张或相应的耗材)。我想,我们身边有很多好的教学资源,如果善于利用,一定会达到事半功倍的效果。我们有一些教学经验丰富的老教师,他们的教研课教案设计精彩,如能让大家学习借鉴,一方面节约备课时间,另一方面让我们的教学更富有实效性。另外"翻唱"名家的教学设计也是一个很好的办法,让大家在短时间内提升自己。在条件允许的情况下,领导能否考虑将老师们辛勤劳动的备课成果集中形成资源库,如将同一课文不同教师的优秀教案整理成册,也给大家提供一个多元化的选择。

—— 某小学语文教师

（二）　流于形式的课堂互动

课堂教学质量的提高,有待于各个环节的融会贯通、相互结合。这样才能达到所预想的效果,但目前课堂教学各个环节的设计仍存在低效或无效现象。主要有:一是课堂导入环节所采用的情景导入法中,有的情景创设脱离学生生活实际,无法引起学生兴趣,导致教学的低效现象。以课堂提问为例,不少问题的设计高于学生现有水平或者问题太大、太空洞,学生摸不着头脑。另外不少教师专叫优生,省时、省心、省力,导致课堂成为个别人的"合唱团",大多数学生成为陪衬。二是对新课程所强调的自主、合作、探究三种学习方式,不加选择,不管有没有必要都在一堂课上将这几种方式和盘托出,导致课堂走过场,学生无法安静独立地去阅读、思考和感悟。三是合作学习环节学生学习的低效或无效,表现在合作的时候往往只有部分学生参与其中。四是在课堂小结环节,要么总结走过场,泛泛而谈,什么都提,重点不突出,缺少针对性;要么包办代替,本来应该由学生自己归纳总结,教师却包办代替做了。之所以会出现这样的问题,一方面是由于教师缺乏经验,另一方面也有技术因素和学生生理因素的影响。由于缺乏技术性的及时反馈,教师无法精准地掌握各个环节、各种模式的效果,教师纯粹按照教案的流程走,按照经验上课,以至于课堂流于形式,缺乏针对性,严重影响教学效率。另外由于学生作为未成熟的个体,其本身参与度有限。据心理学的研究显示,小学生注意的特点是无意注意占优势,注意力不稳定、不持久,极易被外界所吸引。7~10 岁儿童连续注意时间约为 20 分钟,10~12 岁儿童连续注意时间约为 25 分钟。以正常一节课 40 分钟计算,学生几乎有将近一半的时间游离在课堂之外。

阅读材料:3-3

案例一

一堂数学研究课开始了,××老师提出了一个问题:要确定一个四边形是平行四边形需要哪些条件?学生一:一组对边平行且相等。学生二:一组对边平行,内错角相等。学生三：一组对边平行，同旁内角互补……之后，老师列出了几个例题，抽了几个学生在黑板前演示。课堂上大部分学生的回答和演示都是正确的，学生出现的几个少数问题，老师也及时地进行更正。看起来整个课堂学生活动的次数比较多，教学的逻辑也很紧密，看不出什么漏洞，觉得老师的组织能力和课堂驾驭能力也不错。然而，实际上真正主动参与的学生不及三分之一，尤其是困难的学生往往游离于课堂之外。

案例二

一节小学语文课的流程：学生齐声朗读课文—听课文朗读带—老师示范朗读—学生个体有感情分段朗读课文—找出文中自己喜欢的词语和语段，并说出喜欢的原因。从课堂形式上看，这样的课堂似乎充分地体现了学生在课堂中应有的活动，整体感觉良好。但是实际学生在课后作业方面依然存在大量问题。这也反映了学生的能力没有得到实质性的锻炼。

（三） 缺乏针对的评价与反馈

教育学家布卢姆（Bloom）认为，评价反馈是促进教学顺利开展的重要环节，也是教师与学生互动的重要前提。教师只有获得良好的教学反馈，才能对教学内容、目标与方式进行适当的调整。教师在教学过程中对教学决策的调整，一方面取决于教师对学生课堂中的即时性评价与反馈，另一方面也取决于课堂结束后对学生个体、总体的分析与预测。然而，受限于传统教学习惯与数据收集技术，目前教师对学生的评价主要依赖于课堂观察、测验考试、主观印象等。以上这些方法往往在时间与人力上的成本较高，并且大量的评估也只能片面地集中于学生的学习结果或片段化的教学评估上，对学生的整个学习流程难以起到系统性的评价作用，尤其是难以做到对学生个体成长的动态监测。以中小学布置的作业为例,我们虽然一直强调要因材施教,但是一到作业环节,基本是一视同仁,不顾每个学生的掌握情况,统一练、漫无目标地练。如果从建构主义的观点来讲,由于每个学生先前的经验不同,即使经历了同样的课堂教学,它所建构的知识的牢固程度、准确程度依然大相径庭。合理的作业布置,应是每个学生都有属于自己的题目,难度、深度以及内容因人而异。从低限来讲就是能够做到"哪里不会补哪里";从高限来讲就是要激发学生兴趣,实现学生的个性化发展。一直以来,我们习惯于把因材施教的任务全部推给教师,而不顾背后较为硬性的技术支撑。事实上,在班级授课制的大背景之下,如果不依托大数据、人工智能等技术手段,单单依靠任课教师去设计几十份不同的作业是根本无法实现的事情。因材施教在传统的课堂背景之下只是美好的乌托邦。

二、基于智慧课堂教学平台的有效教学实现

关于有效教学,尽管各界众说纷纭,相关界定不一,但是我们可以从两个基本点切入。第一,要有效果,教学活动结果与预期教学目标在一定程度上能够吻合;第二,要有效率,沿用经济学概念,可将教学效率表述为:教学效率=教学产出(效果)/教学投入时间。基于此核心思想,南京师范大学相关研究人员连同一线教研员一起,经过近4年的智慧课堂教学实践研究,并依据任务驱动学习理论、建构主义学习理论和混合式学习理论,提出了基于智慧课堂教学平台的多任务混合式精准教学模型。该模型相比于其他模型,最大的特点在于其具有巨大的可操作性、可推广性,涉及课前、课中、课后等多个环节,利于教师借鉴和利用。我们提出的三阶能力标准也是以此框架为基础,进而不断衍生和拓展。

传统课堂的教学流程结构通常采取"5+4模式",即由教师

"教"的 5 个步骤（备课、讲课、提问、布置作业、批改作业）和学生"学"的 4 个步骤（预习、听课、代表回答、完成作业）组成。但是不难发现，由于缺少大数据分析、动态学习评价和"云＋端"信息技术平台的运用，教师在教学决策过程中，难免会出现对教学目标、教学内容、教学评价制定与评判上的失误。同时，由于受制于教学环境与条件，教师缺乏对课堂教学的即时性把握，往往会依据主观经验来推进课程进度，进而在后续教学中导致目标与学生需求之间产生较大偏差。针对这些缺点，智慧课堂将更加注重师生之间的联系性，将更加注重教学的精准性。智慧课堂教学中教师的"教"变成 6 个步骤（任务前置、学情分析、教学设计、精讲精评、个性化推送、反馈巩固），学生的"学"也变成了 5 个步骤（课前预习、展现分享、合作探究、巩固提升、总结反思），师生之间的互动交流更加丰富多样。具体模型如图 3-1 所示：

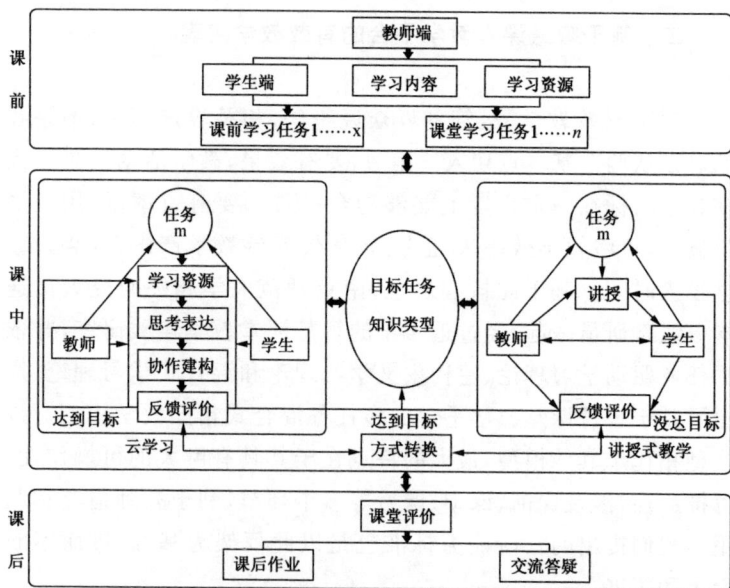

图 3-1 多任务混合式精准教学模型

　　课前:教师可以根据教学目标要求,将一些教学需要的预备知识、情景导入、读读写写的教学内容做成微课和其他学习材料,以前置性学习任务的形式推送给学生,及时检测学生的学习情况和课前任务的完成情况,精准了解学生的学习基础。在任务的形式上,可以是量化评价的形式,如通过选择题、填空题的正确率,把握哪些知识点学生在课前就已经掌握了,哪些需要在课堂上讲解,有的放矢;也可以是作为质性的评价,比如监测学生的完成情况,是否阅读相关材料、观看视频、上传照片等。

　　课中:教师层面,可以根据教学目标逐一下发学习任务单,根据收集到的学生问题反馈,有针对性地修正教学内容,选择恰当的教学策略,对共性问题重点讲解,个性问题课下单独沟通,做到因材施教,真正落实教是为学服务;学生层面,学生提交完成后就可以看到其他学生、其他组别提交的作品,学生在自我校对、组间讨论、互相评价等一系列过程中慢慢形成关于学习的元认知能力、反思能力等关键性学习能力。

　　课后:教师根据学生在课堂上的表现和知识掌握情况,将个性化的微课、学习材料、测试题发布到智慧课堂教学平台学生终端上,供学生有选择地进行课后教学补偿、复习和巩固练习。

阅读材料:3-4

智慧课堂实现"交互式教学"

　　智慧课堂让每个学生真正成为课堂教学的参与者

　　传统的课堂教学是以教师为中心的"中心化"学习模式,过分强调教师的中心地位,缺少师生互动。这种模式培养的学生缺少个性。"交互式"学习方式认为,师生都不应该是教学的中心,教学应该是一种动态的交互过程,师生之间应该增加互动和交流。智慧课堂为"交互式"学习方式提供了广阔的平台,多种教学媒体突破课堂的界限,师生可以利用这些新技术实现随时随地的深层次交流和合作。

小组学习让学生打破教师的"一言堂"

在教《简单的周期》时,南京梅山第一小学教师在学生终端的"课堂学"中设计三个学习单,并将学生进行分组,先由小组共同学习第一个学习单:观察图中花盆、彩灯和彩旗有什么共同特点? 接着小组间交流:说说盆花是按怎样的顺序排列的? 完成后,教师下发第二个学习单:让学生试着写一写有周期排列规律的一组图形,再将学习成果拍照上传,交流互动,分享成果,充分感受周期规律。最后下发第三个学习单:按盆花的排列规律,思考第 29 盆花是什么颜色? 通过独立思考,小组交流,推荐优秀作业上传。学习中,哪个学生没有上传答案,教师一目了然,在课堂中以最短的时间掌握到了每个学生的学情,并做出了精准的数据分析。这样的小组学习打破了教师的"一言堂",尊重了每个学生的学习地位,实现了小组间的有意义合作,有效提高了学生的合作意识与动手能力。

智慧课堂让学生成为知识学习的评价者

在镇江六中七年级三班生物"食物链"的教学课上,金颢老师对食物链初步概念的教学,没有像传统教学那样给学生讲授食物链的知识,而是设计了"谁吃谁"的活动。教师在电脑上呈现了青草、蚱蜢、鸡、青蛙、蛇和老鹰六个图像,她将图像推送到学生端。学生接收到金老师推送来的图像后开始在图像上画吃食关系,画好后就提交到班级。学生提交完后就可以看到其他学生提交的作品,通过观看其他学生的作品,他们开始反思自己作品中存在的问题。对一些不能确定的问题,学生快速地查阅书本中关于食物链的知识介绍,和同伴讨论以解决问题。除能对自我作品评价以外,学生还能分析他人作品中存在的问题。金老师引导学生到讲台上去点评,选择要点评的学生作品,讲解哪些是正确的,哪些是存在问题的。通过三位学生的点评,基本解决了学生作品中存在的典型问题。进一步,金老师又引导学生在学生端画出生物之间的食物链(青草→蚱蜢→鸡→老鹰、青草→鸡→老鹰、青草→蚱蜢→青蛙→蛇→老鹰)。整个活动中,在教师引导下,学生通过自主学习和反思来获取知识,通过评价来辨析易错易混的知识点,进而自主建构了食物链的初步概念。

智慧课堂让学生成为小组学习的诊断者

在镇江六中七年级三班生物"食物链"课上,关于食物链特点的知识点,金颖老师采用小组合作的方式展开教学。首先,让学生在阅读书本相关知识的基础上展开小组讨论,通过小组讨论完成书本上关于食物链特点的思考题,每组安排一位代表将讨论结果拍照并上传到班级;随后,各小组完成讨论结果上传后,一起查看其他小组上传的内容,讨论并反思自己小组讨论结果中存在的问题,并进一步学习和修改各组的结果;之后,小组成员集体对其他小组的讨论结果进行评价,给出小组评价意见;最后,金老师安排小组学生代表点评其他小组作品中的问题,并将正确的答案呈现给大家,遇到不完整的情况可以让小组内的学生补充、其他小组的学生再补充,以及金老师自己适当地引导讲解。这样,通过"学生自己学习→小组学习→小组反思、修改→小组评价→学生点评和教师引导讲解",每个学生在课堂上就能对食物链的特点进行正确建构。

智慧课堂让学生成为对常见问题的会诊"专家"

教学中经常会遇到一些学生一错再错的问题,老师新课中讲过,作业的时候让学生做过,练习的时候也让学生练习过,但由于学生对相关知识的错误建构,而且问题没有得到有效解决,仅依靠临时记住,因此过一段时间便会忘记而导致继续出错。在镇江六中七年级一班的数学课上,赵琦老师专门设置了专家会诊教学环节。赵老师将教学中常见的错误整理出来,并将错误推送到学生终端,请学生对相关问题进行会诊,并将会诊结果传到班级。会诊结束后就可以看其他学生的会诊情况,通过观看其他学生的会诊结果反思评价自己的会诊情况。然后可以和同伴讨论自己和其他学生的会诊情况,进一步发现问题所在。最后,赵老师请学生上讲台点评学生会诊中存在的问题,并精确找出问题的关键所在并加以引导解决。通过这种专家会诊的方式,有效地解决了日常教学中存在的一些顽固问题。

三、会用阶层的具体能力体现

前文关于教师 ICT 能力标准的分析,考虑到不同教师已有信息技术水平不同,加之各地学校所能提供的教师培训与发展条件存在差异,我们基本划分出了会用、融合、创新三个不同的发展阶段,不同阶层对应的能力要求不同。结合智慧课堂教学平台及具体学科教学,我们从理论方法、技术素养、学科教学三个层面来探讨会用阶层的具体能力要求。

(一) 理论方法

理论方法层面要求大量的教育学知识、心理学知识以及相关的信息技术运用知识,它需要教师在日积月累的过程中不断完善。基于上文提到的多任务混合式精准教学模式,本书重点介绍两个教学理论,分别是任务驱动教学法和混合式教学法。这两者相互结合是在智慧课堂教学平台框架下实现有效教学的重要途径。

"任务驱动"就是在学习知识的过程中,学生在教师的帮助下,紧紧围绕一个共同的任务活动中心,在强烈的问题动机驱动下,通过对学习资源的积极主动应用,进行自主探索和互动协作的学习形式。它将以往以传授知识为主的传统教学理念,转变为以解决问题、完成任务为主的多维互动式教学理念。在这个过程中,学生能够获得成就感,可以更大地激发他们的求知欲望,逐步形成心智活动的良性循环。之所以采用任务驱动的教学方式,一是由于学生作为未成熟的个体,课堂注意力有限,而通过任务驱动的形式可以吸引学生的注意力,让学生尽可能地参与到任务中去;二是以任务完成的情况为载体,依托数据分析,我们可以实现对学生学情的实时把控,进而形成任务—反馈—调节的教学循环,保证教学的有效性、针对性。结合智慧课堂教学平台及实际教学,我们提出以下几个基本原则。

1. 小步子原则

由于学习的过程基本遵循由浅入深、由易到难的规律,因此教师可以在总体学习目标的框架下,把总目标细分成一个个小目标,并把每一个学习模块的内容细化为一个个容易掌握的"任务",通过完成这些小的"任务"来实现总的学习目标(如图3-2)。

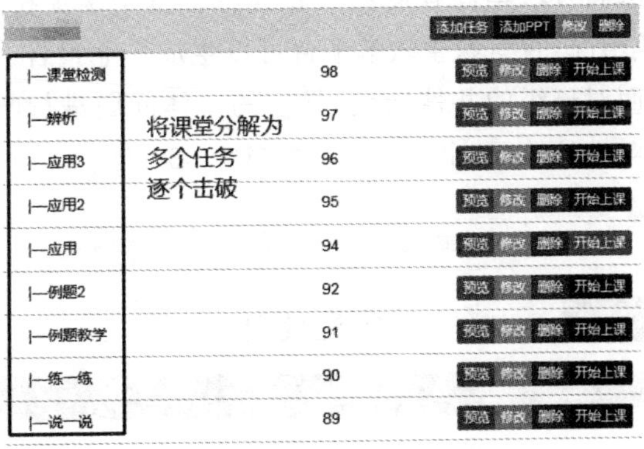

图3-2 课堂任务活动分解

2. 及时反馈原则

如果从系统论、控制论的角度来讲，反馈是必不可少的环节。教师在教学过程中输出信息，经过施教对象后将产生的教学效果再输送回来，并对教学信息的再输出产生影响（如图3-3）。教学过程的组织与优化往往表现为课堂教学反馈的畅通和丰富。基于每一个小任务，依托云平台，教师可从两个层面出发，第一，教师要了解学生的参与情况、完成情况，进而调整课堂进度，把握"不愤不启，不悱不发"的关键时间节点。第二，教师要了解学生的知识建构情况，把握学生知识的薄弱环节，有的放矢，精讲精评。

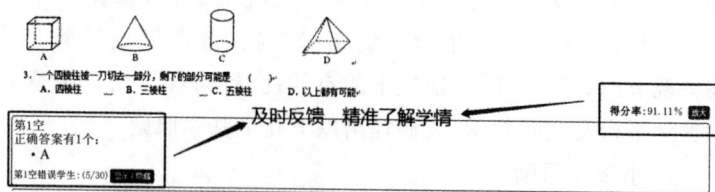

图 3-3 智慧课堂教学平台数据统计

3. 个性化补偿原则

由于每个学生的基础不同，即使经过同样的任务环节，知识建构的准确程度、牢固程度都大相径庭。基于学生在课堂中的任务完成情况，智慧课堂教学平台可以生成作业报告、保存课堂记录，进而对班级的共性问题、学生的个体问题进行归纳，从面到点，针对性地练习、个性化地补偿（如图3-4）。

图 3-4 个性化作业

4. 任务多样化原则

任务驱动教学,其中的"任务"不应仅仅是单纯的练习题。如果纯粹是利用智慧课堂教学平台来刷题、练题,不光与当下强调核心素养的宏观教育潮流相违背,更辜负了技术所蕴藏的巨大潜能。所以,有价值的任务驱动的设计除了能使学生达成一定的认知目标和技能目标以外,还需要能对学生的思维方式、道德情感、行为习惯乃至人格塑造和价值取向等方面产生积极影响。除了量化评价的形式,教师同样可以使用注重过程与表现的任务形式。

混合式教学是将在线教学和传统教学的优势结合起来的一种"线上+线下"的教学形式。通过两种教学组织形式的有机结合,可以把学习者的学习由浅到深地引向深度学习。开展混合式教学,应该注意以下几个点:一是线上的教学不是整个教学活动的辅助或者锦上添花,而是教学的必备活动;二是线下的教学不是传统课堂教学活动的照搬,而是基于线上的前期学习成果而开展的更加深入的教学活动;三是混合式教学改革没有统一的模式,但是有统一的追求,那就是要充分发挥线上和线下两种教学的优势以改造我们的传统教学,改变我们在课堂教学过程中过分使用讲授而导致学生学习主动性不高、认知参与度不足、不同学生的学习结果差异过大等问题;四是混合式教学改革扩展了时间和空间的广度,教和学不一定要在同一时间、同一地点发生。基于智慧课堂教学平台,我们提出以下几个基本要点。

第一,线上有资源,拓展课堂时空。

线上的资源是开展混合式教学的前提,因为我们倡导的混合式教学就是希望把传统的课堂讲授通过微视频等线上的形式进行前移,给予学生充分的学习时间,尽可能让每个学生都带着较好的知识基础走进教室,从而充分保障课堂教学的质量。另外,教师还可以录制相关题目的讲解视频,使在课堂上没有掌握的学生能够根据视频进一步学习巩固,以达到自主学习、自我巩固的学习效果(如图 3-5)。

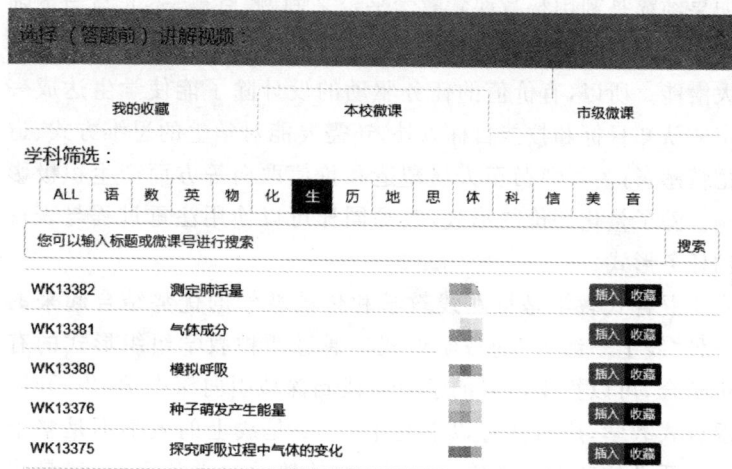

图 3-5 视频讲解

第二,线下有活动,精讲课堂难点、重点。

如前所述,通过在线学习一方面可以让学生掌握基本的知识点,从而保证课堂教学时间能够更多地用在实现高级教学目标上;另一方面教师可以精准了解学生的难点、困惑点,进而有的放矢,集中讲解一些共性的问题。

第三,线上、线下相结合,实现高效互动。

合理运用线上、线下的结合模式是激发课堂潜能的重要依托。基于智慧课堂教学平台,我们可以实现多种互动形式:一是个体间互动,学生完成后互相批改,通过观看他人的作业,取长补短,自我学习(如图 3-6);二是组间互动,智慧课堂教学平台可以实现随机分组,小组合作,组间点评(如图 3-7)。

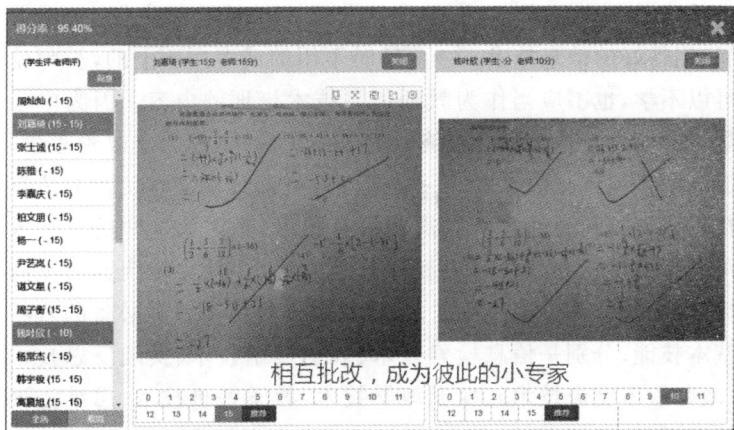

图 3-6 利用智慧课堂教学平台相互批改

图 3-7 利用智慧课堂教学平台分组讨论

(二) 技术素养

会用阶层的技术素养理应是掌握一些核心的、必备的信息技术。焦建利教授曾谈到教师必备之信息技术必须具有如下几个特征:一是教师学得会的信息技术。许多教师培训活动在设计教师信息技术培训的内容时,不切合教师的实际,选择了一些教师难以掌握的内容，因而注定失败。二是教师用得上、用得起、用得好的信息技术。一些暂时不用的或者用不上的，教师就可以不学，也不应当作为教师信息技术培训的内容。因为中小学教师信息技术培训的最终目的是为了应用，是为了改善教学，促进学生与教师的发展。三是能减轻教师日常工作负担的信息技术。学校和教师之所以需要信息技术，是因为这些信息技术可以帮助学校和教师解决教育教学问题，并且比传统方法更简捷、更高效。基于这些特征，焦建利教授给出了教师必备的八项基本技能，分别是信息检索技术、表达展示技术、实践反思技术（教师叙事交流技术）、探究教学技术、教学评价技术、思维汇聚技术、网络教学技术、资源管理技术。尽管这样的区分较为全面，涵盖了教学各个环节，但如果从教师的实际情况来看，这样的能力要求依然过高。对于会用阶层而言，我们的核心思想是在最快的时间内能够使教师用起来，在运用的过程中不断发展和提升。在这里我们给出了智慧课堂教学平台的基本操作，具体会在第五章展开。

（三）学科教学

信息技术要发挥它的教学功能就必须与课堂教学整合，使其真正成为教学过程中的有机组成部分。从会用层面来讲，其基本要求就是实现有效教学，为此我们提出两个关键性原则：一是信息技术与学科教学整合必须配合教学实践，根据教学的实际需要来决定是否需要运用信息技术手段。二是信息技术手段的选择和运用必须遵循相对优势原则，如果其他教学手段能很好地完成该任务，就没必要去选择该信息技术。结合前文提到的理论模式，我们尝试设计了最基本的学科教学与信息技术整合模型。值得注意的是，我们给出的模型只是基于现有教学框架给出的参考性方案，不同学科、不同课型的知识内容、结构体系不同，决不能一味套用和模仿。"教学有法，但教无定法"，我们呈现的只是信息技术与学科整合的基本骨架，内在的血与肉依然需要各位教师的填充和探索。

小学语文新授课教学范式

基本课堂结构为:检测纠错—合作探究—巩固拓展。最大优势是将课堂教学时间还给学生,学习任务明确,教师重点在引导和诊断。

(1)学习任务前置。利用导学单或任务单,将第一课时课堂教学中的导入课文、课文朗读、生字学习等内容都前置到课前。课前,学生跟着导学单上的要求,跟读课文、听写生字。新授课中,教师通过智慧课堂教学平台了解学生的完成情况,哪句话读得好,哪句话读得不好一目了然。课中,教师不必花更多的时间去读课文、读词语,这样就将新授课中大量的读书时间节省出来。

(2)教学重点精准。字形的掌握,可以通过听写下发、拍照上传、后台分析、数据汇总、精准地了解到听写的完成率、易错字、错误率。课堂中,教师可以直接将错字拿出来重点学习,节省了大量的时间,做到了精准化的学情掌握。课中讲解因为有了对学情的精准掌握,能够将更多的时间用于学生的课堂合作探究和练习。教师的个别指导让语文课堂解压,让教师备课解压,让学生从机械、重复的作业中解压。教师还可以每周向学生一键推送"错题集",让学生对本周错误的题目进行巩固练习,教师操作方便,学生学习高效。

(3)小组合作有效。在完成课文主要内容填空时,学生先自主读文,再同桌合作,讨论各自写的是什么,统一答案再上传到智慧课堂教学平台,学生在上传时,可以浏览到所有同学的作业,这样既完成学习任务,也能学习到别人的回答。这样的过程,不仅是自己在学,更是一种分享。

第二节　精准教学

——融合阶层的能力分析与教学实践

一、教育与技术融合的关键点到底在哪里？

自 2000 年以来,关于教育与信息技术深度融合的声音一直不绝于耳。然而,到底什么是融合？无论是学界还是一线教师都存在极大的思维误区。传统的融合思维是:教育中什么环节,引入什么技术能提高教学效率。这是典型的"目的—手段"式的思维,它不对整个教育教学做出统观,它只是从技术在教育中应用的可能出发来探讨融合。尽管它确实能帮助教学,但这种效率提升的限度受制于原有的教育流程、结构、模式。以智慧教育为例,目前出现不少乱象,许多学校看到新技术应用的可能性,就盲目引进各种系统,如教学评估系统、媒体发布系统、预约系统、校园广播系统等等,加之各路媒体对智慧校园的助威呐喊、推波助澜,使得智慧教育彻底沦为技术的附庸。虽然在某种程度上,课堂教学确实发生了变化,但是其没有对教育教学产生根本性的变革作用。正如有学者所言,智慧校园最强大的推手是IT 企业/IT 行业,他们所推出的一个个智慧校园解决方案,确实让许多校长心动,但事实上,许多企业所推出的智慧校园方案,似乎与智慧没有什么关系,水分比较多,仅仅是戴了一顶华丽的帽子,即一些企业在智慧校园推销方面存在炒作、推销的嫌疑,为引诱教育消费者购买而打造了一个个漂亮的"智慧"花篮。在我国的信息化进程中,始终伴随着"唯商倾向"的问题,即以商论、企业的言论当作决策的依据。[①] 之所以出现这种偏离,究其

① 陈琳,王蔚,李佩佩,等.智慧校园的智慧本质探讨——兼论智慧校园"智慧缺失"及建设策略[J].远程教育杂志,2016(4):17-24.

原因是没有把握当下信息技术与教育融合的关键点,没有深入到课堂,没有直指传统教学的痛点、难点。新一轮信息技术与教育融合的基本思维是:现代教育技术不是改进课程教学的手段,而应是本身就蕴含在课程、教学内的技术。相关技术不是机械地移植进课堂,而是根植于课堂,成为课堂不可或缺的一部分。所以,教育信息化 2.0 中信息技术与教育的关系不是"目的—手段"式的利用关系,而是"我—你"的超越关系。智慧教育中"智慧"的全部内涵应是融于教育系统,又超越教育系统,能帮助我们统观、反思整个教育甚至教育技术本身,就像人类的元认知一样,这就是其超越所在。在这个意义上,智慧教育提优质量的关键点不在于技术的先进性,而在于技术的智能性,即通过智能采集、智能处理等技术实现对整个教育系统的监控、调节,以帮助我们不断优化教育系统。这就是教育信息化 2.0 时代最大的技术特征,只有这种超越性、自我反馈的先行存在,才能确保教育与技术相容的正确性、有效性。具体来说,即表现为利用信息化技术对教育信息进行数字化采集,通过智能信息技术对采集的信息进行信息处理和智能决断,通过信息化终端反馈并服务于教育,从而提高教学与管理效率,最终促进教育改革和发展。以现在的技术手段来看,新一轮信息技术与教育融合的关键点在于数据的运用,在于对教学系统的精准把握。

📖 **阅读材料:3-5**

教育信息化语境下的"智慧教育"①

"智慧教育"是教育信息化发展中出现的新事物,需要在教育信息化的语境中进行理解。"智慧教育"是 IBM(国际商

---

① 恽如伟,戎年中.教育信息化语境下的"智慧教育"[N].中国教育报,2017-11-11.

用机器公司）所提出的 Smart Planet（智慧地球）的衍生概念。该"智慧"指的是"把新一代的 IT 技术充分运用到各行各业中，即要把传感器装备到人们生活中的各种物体当中，并且连接起来，形成'物联网'，并通过超级计算机和云计算将'物联网'整合起来，实现网上数字地球与人类社会和物理系统的整合"。新技术迅速影响到教育领域，从智慧地球推演而得的"智慧教育"成为教育信息化领域的热议话题。

关于智慧教育的观点大多从技术实现层面论述

目前，国内关于智慧教育的论述众说纷纭，华东师范大学教授祝智庭认为，信息时代的智慧教育是基于物联网、云计算、大数据等智能信息技术，通过构建个性化、感知化、泛在化的智慧教育环境，促进学习者智慧学习的产生与发展，以期培养出高技能创新型人才。还有专家认为："智慧教育是依托计算机和教育网，全面深入地利用以物联网、云计算等为代表的新兴技术，重点建设教育信息化基础设施，开发利用教育资源，促进技术创新、知识创新，实现创新成果的共享，提高教育教学质量和效益，全面构建网络化、数字化、个性化、智能化、国际化的现代教育体系。"学者张奕华认为："智慧教育是以学生为中心的教学与学习方式、能通过多元取向引起学生学习动机、无所不在地让学生接近学习入口、提供丰富的学习资源以及科技支持与服务教学和学习。"

国外关于智慧教育也有大量实践层面的研究工作，如美国、韩国、新加坡等国结合本国实际，从国家层面提出 SMART-EDUCATION（智慧教育）战略及规划，架构智慧教育体系，推进智慧教育实施。其中韩国针对学习者创造力不足、自主性不强等问题，从国家层面出台"智慧教育推进战略"，指出应研究智能型教学系统，满足信息时代学习者社会性、自主性学习需求。顺应教育发展趋势，以物联网、云计算、大数据等新一代智能信息技术为依托,构建由智慧化学习环境、泛在化学习资源、个性化学习方式、服务性学习支持等所组成的智慧教育生态系统,以支持学习者多元智慧的生成与发展。

综合国内外的研究,可以发现目前关于智慧教育的论述大多是从技术实现层面加以论述,没有挖掘智慧教育的本质,导致很多学校把智慧教育或智慧校园的建设错误地理解为添置一些信息化设备,这和以前的信息化校园建设没有根本的区别。

教育信息化语境下的智慧教育

智慧可以理解为不被事物的表象所迷惑,在看透事物本质基础上做出决断。结合上述智慧教育及智慧的论述,在教育信息化的语境中,智慧教育应该理解为利用信息化技术对教育信息进行数字化采集,通过智能信息技术对采集的信息进行信息处理和智能决断,通过信息化终端反馈并服务于教育,从而提高教学与管理效率,最终促进教育改革和发展。从教育教学活动过程来看,智慧教育的核心是对信息处理和智能决断,它反映一个学校智慧的程度如何,一个学校信息处理强,智能决断能力高,说明这个学校的智慧程度高。智慧教育的关键是对教育信息的数字化采集,它反映学校智慧的广度如何,一个学校如果采集的教师教的信息、学生学的信息以及学校管理的信息等各种信息的种类多,说明这个学校的智慧教育涉及面广。

从信息加工理论的角度,智慧教育环境下的信息处理主要包括以下几个方面:

教育信息的采集。行为网络化的普及,尤其是自媒体时代的到来,每个学生和教师的每一次网络行为都会以数据形式在系统里留下痕迹。利用现代信息装备和技术收集这些数据,就能形成教育信息无比巨大的数据库。还可以根据需要建立各种基础数据库,如教师的基础信息、所有教育单位的基础信息等。也可以针对专项工作建立各种专门的教育信息库,如学生课堂学习、教师的课堂教学、学生的作业、学生的自主学习、学生成绩单等。无论是系统自动采集的数据还是人工输入建立的数据库,都是进行智慧教育建设必不可少的基础。为实现海量数据成为对人类社会有用的资源,还需要对教育数据的标准、形态、格式、结构进行整合,使其实现从教育数据到教育信息资源的跨越,这就需要在智慧教育平台的基础上进行数据的处理,实现数据共享与系统兼容。

信息处理与决断。每一个教育信息的背后,有行为人的个性化特征,如何通过数据采集和分析来获取学生的学习习惯、学习兴趣、学习方法、知识的掌握情况、学习过程中存在的问题等,教师的教学内容、教学习惯、教学方法等,以及学校的各种教学管理等教育所需要的信息,这是智慧教育的关键内容。

简而言之,智慧教育不断发展的过程,就是需求的教育信息不断得到满足的过程,这就形成一个"采集原始教育信息—加工处理教育信息—满足教育需求信息"不断循环的过程。在这个过程中,教育需求信息是方向、教育原始信息采集是关键、信息处理与决断是核心,最终实现智慧教育。所谓"智慧教育"的智慧之处,就在于按照教育需求信息对教育原始信息的收集、加工,并进行智能决断,这就要用到智能化的设施设备和智能化的信息技术,如进行数据挖掘、学习分析等技术。

信息反馈与服务。在智能化教育信息处理和决断的基础上,各种原始信息演化成学生、教师、管理者和家长各类群体所需要的教育信息资源或者教育信息服务。比如对于中小学教师而言,比较烦琐的事情是批阅试卷后的统分(把各部分小分合成总分)、核分(对原先的分数进行核实)、析分(分析各处得失分情况)工作。这些工作可以由系统进行信息采集并进行智能化处理,老师可以从繁杂的数据处理中解放出来,依据系统提供的教育信息专心研究教学内容和教学方法。如果以信息为核心来看待这项工作,这就是一个信息流转演化的过程,先是把试卷或作业进行收集和处理成数字化(如通过扫描录入或学生用拍照上传等方式),然后系统或教师对试卷或作业进行批改,通过技术对数字化的教学信息进行加工与分析(如求和、求平均值、逐项汇总分、求百分比等),最后由系统直接提交给教师一个反馈信息(试卷分析报告),老师一眼就可以直接看到每一题目的得失分情况、每一位学生掌握知识的情况,并根据这些反馈进行有针对性的教学。

分类分步推进各地区和各校的智慧教育

学校和政府部门可以结合各地的实际情况,切实研究各校目前迫切需要采集的教师教的信息、学生学的信息以及学校管理的信息等种类,分类分步推进各地区和各校的智慧教育。就目前来说,可以首先解决所有学校学生学习行为和学习效果数据的采集,这有利于教师对学情的精准了解,从而实施针对性的教学,有利于学生精确了解自己,从而进行个性化的学习;其次可以解决学校部分班级的教师教学行为和教学效果数据的采集,这有利于教师发现自身问题从而提高教学水平;再次可以采集学校管理中的各类数据,这有利于提高学校管理水平,从而科学提升学校的办学水平。

二、精准教学——教育与信息技术融合的新常态

"精准教学（Precision Teaching）"方法最早由 Lindsley 博士在 20 世纪 60 年代提出。Lindsley 博士发现：在"自由操作（Free-operant）"的实验室条件下，观察、记录被试者的行为频次及响应速度等数据，据此调整被试者的活动，可以获得更好的学习效果。这个发现最初用于特殊教育领域并取得了极大成功，随后 Lindsley 博士将其推广到学校教育领域，并在实践过程中与 Skinner 的新行为主义学习理论相结合，最终形成了体系化的精准教学方法。然而，由于当时的条件所限，导致测量过于单一。在简化测量与追求多元的矛盾中，当时的精准教学滑向了前者，强调标准化的答案，比如往往选择能够明确表达反应结果的题型来进行测验，如填空题、正误题、选择题等所谓标准考试试题；在方法上，强调反反复复的机械训练，通过对学生的不断强化刺激，达到对知识的掌握，忽视了对学生思维的训练、能力的培养以及人格的陶冶。也正是这些弊端，基于行为主义的"精准教学"逐渐走向衰落，为建构主义所代替。作为极富人文关怀的建构主义，一登台就为各国所推崇。建构主义的核心观点是强调知识不是通过教师传授得到的，而是学习者在一定的情境即社会文化背景下，借助其他人（包括教师和学习伙伴）的帮助，利用必要的学习资料，通过意义建构的方式而获得的。尽管建构主义为我们描绘了美好的图景，但是它缺少精准的测量与反馈，以至于我们走向了另一种极端，即过程很丰富，然而最后的结果却差强人意。就如目前的一些公开课，课中环节多样、精彩纷呈，然而一到课后的作业却不见得做得有多精彩。合理的教学应是在结果可控和过程开放之间找到平衡的支点。近些年来，随着国际竞争的日益激烈，各国都开始重提阅读素养、数学能力、科学素养等关键能力、核心素养，试图重新平衡个性发展与关键能力之

间的关系。以日本为例,2016年文部科学大臣驰浩在第107届中央教育审议会上就表示,新一期学习指导要领(相当于课程标准)将态度明确地与"宽松教育"诀别,走向教育的坚韧化。教育将不会再回到"宽松教育"或"填鸭式教育"的非此即彼之中,而是要平衡好知识和思考力两者之间的关系。在此背景之下,"精准教学"又重新登上历史舞台,并且其内涵更加丰富、形式更加多元。以国际教育领导研究中心提出的精准教学框架为例,其提出了3R模型,即为"严格"(Rigor)、"相关"(Relevance)、"关系"(Relationship)三个维度。"严格"维度以布卢姆的目标分类为依据,描述了从记忆—理解—应用—分析—评价—创造的知识掌握层次序列。"相关"维度衡量的是学生知识迁移的能力,从学科内部到跨学科再到真实情景下运用。"关系"维度是将人们紧密联系在一起的纽带,主要为师生、生生等人际关系。要想使学生学习积块最大化,一定要平衡三个维度,随时调整维度以适应当前的情境,优化精准教学框架中三个要素之间的关系,达到三个维度的最佳融合,以实现最终的教育目标的统一:严格×相关×关系=生活、学校、为工作做好准备的学习者。[①]

总体而言,新的精准教学既强调了系统知识的学习,也关注到了知识的运用,同时平衡了师生之间的关系,是行为主义与建构主义在当今时代的融合。如果从现实操作层面上来讲,相关教育工作必须摆脱把"精准教学"等同于刷题、练题的思维误区。由于当下教学平台都会搭载一定的题目分析功能,不少教师就围绕着题目讲课,陷入讲题练题的怪圈。依据上文提到的框架,这样的教师只关注到了"严格"这一维度,忽视了知识的真实运用以及课堂的多维互动。所以,结合教育信息化2.0的技术运用,新一轮的精准教学,不光要精准到学生是否掌握了知识,还

---

① 丁旭,盛群力.有效教学新视域——"精准教学框架"述要[J].课程·教材·教法,2017(7):31-37.

要精准到是否能够运用知识(是只在学科内能用,还是跨学科、真实情景都能运用),也要精准到课堂中师生之间、生生之间的互动情况。

三、融合阶层的具体能力体现

值得注意的是精准教学不是一个具体的教学方法,而是精准、系统地评估教学策略与课程的方法。结合智慧课堂教学平台及具体学科教学,我们从理论方法、技术素养、学科教学三个层面来探讨融合阶层的具体能力要求。

(一) 理论方法

理论部分涉及课程改革、核心素养等诸多方面的知识,在此不做过多展开,本部分重点介绍精准教学的相关理论知识。结合上述框架以及智慧课堂教学平台的实际操作,我们提出了"三精准"的基本思想:一是精准了解多少学生能跟上教师的节奏;二是精准了解学生知识掌握的情况;三是精准了解学生在知识建构中存在的问题并进行针对性的讲解。

就精准了解多少学生能跟上教师的节奏而言,主要是从课堂参与、课堂互动的角度来把握教学。之所以要强调互动和参与,是因为当下不少课堂看似热闹,其实真正参与的学生不多,或者参与的只是浅层互动,没有激起学生的深度思考。另外,真正的师生互动有利于形成良好的学习共同体,知识、技能、情感、态度、价值观都得到充分的交流。通过这些交流,师生间能够相互沟通,相互影响,相互补充,教学过程也就成为学生发现问题、提出问题、解决问题的过程。在实际操作上,教师可以通过任务驱动以及同伴互评等形式调动学生参与的积极性。

就精准了解学生知识掌握的情况而言,主要从布卢姆的目标分类和知识迁移两个维度去定位学生的知识掌握情况。布卢姆的认知目标主要分为"记忆—理解—应用—分析—评价—创造"等层次。表3-1给出了具体的示例。在任务设计的时候我们不能仅仅停留在记忆、理解等基础性的层次,而要关注分析、评价等高级阶段。后面的阶段由于比较开放,难以量化分析,往往以定性评价为主,教师可以采取学生互评的形式来处理。在知识迁移的维度上,可以设置从抽象情景到实际情景、从结构良好问题到结构不良问题的层次序列(见表3-2)。大部分教师在设置任务的时候,往往都是结构良好的问题,比如"求169的平方根""下列选项中读音错误的是哪一项"等等,尽管这样的问题对知识的掌握有一定的帮助,但全是这样的任务便极易滑入应试教育的泥潭,不利于综合能力的培养。结构不良的问题是指它没有明确的结构或解决途径。例如"利用所学的图形设计一个图案""用一段话介绍自己的家乡"等等,对于这类问题教师可以设置相关的任务,然后利用拍照上传的形式来处理。

表3-1　布卢姆认知目标层级

等级	任务
1.记忆	会读、会写"凛冽"一词
2.理解	理解"凛冽"一词的意思
3.应用	运用"凛冽"造句
4.分析	比较"凛冽"及其相近词语的意思
5.评价	评价"凛冽"用在一定语境下是否合适
6.创造	将该词运用于诗歌、散文个性化写作中

表3-2　结构良好/结构不良问题对比

比较维度	结构良好问题	结构不良问题
问题条件/数据	全部呈现	部分呈现或者冗余
答案	标准、唯一、确定的/封闭的	多样的/开放的
解决方案	唯一的、规定性的	多种方案
所涉及的概念、规则原理及其组织	常规的、经过良好组织	不明确的

续表

比较维度	结构良好问题	结构不良问题
学科	单一学科	跨学科
与真实生活的联系	无联系/较少	来自真实情景

就精准了解学生在知识建构中存在的问题而言,结合上述任务设置的层级以及智慧课堂教学平台的学情分析工具,可以精准定位到学生哪些内容存在缺陷、哪一层级较为薄弱。事实上,问题能否有效、全面地呈现,一方面取决于教师能否科学、全面地设计任务情景,另一方面也取决于教师能否从反馈数据中寻找问题、发现问题。

(二) 技术素养

结合前面能力部分提到的一些内容,这里简单介绍一些软件,以辅助日常教学和智慧课堂教学平台的使用。

1. 思维导图

思维导图是一种将思维形象化的方法。我们知道放射性思考是人类大脑的自然思考方式,每一种进入大脑的资料,不论是感觉、记忆或是想法,包括文字、数字、香气、食物、线条、颜色、意象、节奏、音符等,都可以成为一个思考中心,并出此中心向外发散出成千上万的关节点,每一个关节点代表与中心主题的一个联结,而每一个联结又可以成为另一个中心主题,再向外发散出成千上万的关节点,呈现出放射性立体结构,而这些关节的联结可以视为人的记忆,就如同大脑中的神经元一样互相连接。目前主要软件包括 MindMaster、MindManager、XMind 等。

2. 录屏软件

在日常教学中或者使用智慧课堂教学平台时,有时可能需要录制相关的讲解视频以供学生参考。目前国内大部分软件都集结了录屏、剪辑、画中画、配音、加字幕、文字转语音、加背景音乐、调色等专业功能,简单方便,设备要求低,教师完全可以在家中、在办公室里自由录制。比如在线录屏网 www.apowersoft.cn、EV 录屏软件、拍大师等等。

3. 音视频下载

目前大部分浏览器都支持安装插件。如 360 浏览器的"网页媒体下载"插件、火狐浏览器的"Video Download Helper"都支持下载音视频。

4. 文字识别软件

在日常教学中有时候需要将纸质文本里的文字转化为电子稿,特别是语文的阅读理解,篇幅长、文字多,如果采取手动输入需要花费大量的时间。目前不少软件、程序能进行文字识别。比如微信小程序中的微软 AI 识图、OCR 文字识别软件等。

(三)　学科教学

实际教学中存在着各种各样的教学方法。常用的教学方法有:讲授法、谈话法、演示法、实验法、发现法、自学辅导法、自主、合作、探究等。不同学科、不同课型可能适合不同的教学方法。但总体而言,我们的基本思想是:一方面注重结果可控,另一方面强调注重过程的生成与合作,既注重知识的掌握,也强调能力的提高、情感的陶冶。这里以南京外国语学校贾老师的历史课教案为例,对学科教学做简要介绍。

授课内容:魏晋南北朝的科技与文化

教学目标

1. 了解《齐民要术》的作者、内容及地位;知道科学家祖冲之。了解魏晋南北朝书法、绘画与雕塑方面取得的重大成就等基本史实。

2. 学习魏晋南北朝时期重要科技成就,培养归纳总结能力。

3. 鉴赏王羲之和顾恺之的艺术作品,提升对书法和绘画艺术的鉴赏能力。

4. 学习这一时期的科技、文化成果,从优秀历史人物和文化成果中吸收精神营养,提高自身素质和文化修养,同时理解中华文明的传承与发展,增强民族自豪感。

教学重难点

1. 教学重点:了解《齐民要术》以及北方农业的发展。

2. 教学难点:科学家祖冲之及其成就。

教学环境:

智慧课堂教学平台及学生客户端、teamviewer 同屏软件。

技术应用亮点

1. 课堂上相关视频通过平台推送给学生,学生利用学生客户端进行观看。

2. 学生课堂上生成的成果可以及时传递,生生互动较为密切。

3. 课堂的默写环节以及当堂反馈可以及时生成数据,并且了解学生的参与程度。

教学过程			
教学环节	教师活动	学生活动	技术应用
一、导入新课	欣赏《曲水流觞》图片,通过故事导入新课	对故事主人公进行猜测,带着疑问和兴趣进入新课	
二、探究原因	通过默写魏晋南北朝的朝代更替情况及相关史料,引导学生分析魏晋南北朝时期科技文化产生的时代特点	根据默写回顾朝代更替,阅读分析史料,总结魏晋南北朝时期的时代特征	智慧课堂教学平台推送默写作业,教师根据数据分析学生学过的知识掌握情况
三、品读知义	1.科学:贾思勰,祖冲之	1. 指导学生阅读课本的相关内容,要求学生完成贾思勰的名人小档案,为他们设计人物名片并上传展示(伴随优美音乐) 2. 根据相关史料分析魏晋南北朝时期农业及数学的成就和发展 3. 提问:如果你是祖冲之,你还会继续研究圆周率吗?	1. 根据课本知识完成贾思勰、祖冲之的名人小档案 2. 通过史料和教师的引导能够概括出《齐民要术》的内容特点,知道这是我国古代现存最完整的一部农书 3. 思考祖冲之的人物精神	利用智慧课堂教学平台拍照上传任务单,教师可以利用同屏软件直接展示学生的成果

教学过程			
教学环节		教师活动	学生活动	技术应用
三、品读知义	2.文化书法	推送给学生魏晋南北朝时期三幅书法作品,指导学生伴随着音乐临摹、品鉴,思考魏晋南北朝时期书法艺术的发展	1.临摹书法作品 2.推送临摹成果 3.思考魏晋南北朝时期书法艺术的成就及发展	利用智慧课堂教学平台拍照上传任务单,教师可以利用同屏软件直接展示学生的成果
	3.文化绘画	伴随音乐,欣赏推送在平板上的《洛神赋图》,引导学生观察顾恺之的绘画,总结这一时期绘画艺术的特点	欣赏音乐、鉴赏作品,在教师的引导下概括出这一时期绘画的艺术特点	观看平板上教师推送的视频资料
	4.文化雕塑	引导学生观察石窟中的雕塑艺术,总结这一时期雕塑艺术的特点	根据教师的引导,能够概括出魏晋南北朝时期雕塑艺术兼容并包的特点	
四、感悟生情当堂反馈		提前推送与本课相关的五个练习,指导学生进行当堂反馈	完成智慧教学客户端上传的选择题,进行课堂反馈	利用智慧课堂教学平台

第三节　创新教学
——创新阶层的能力分析与教学实践

教育信息化 2.0 的关键特征便是从基本应用走向融合创新,即实现针对传统教育的价值重建、结构重组、流程再造、资源重配、文化重塑,改变教育发展的动力结构。从具体的实践来讲,教师必须通过教学设计实现创新教学,即通过教学设计的过程将微观的学生特点、技术手段、课堂环境、自身能力与宏观教育理念、育人方向等结合起来,形成新的、完整的课堂教学。只有这样才能彻底地释放信息技术的教育潜能。因而在这个意义上，教育信息化 2.0 的最后一道障碍在于教师的教学设计能力，即教师应该成为技术时代的"教学设计师"。

一、教学设计师——创新阶层的能力定位

创新阶层作为最高阶层的教师发展目标，其总体的定位是能够成为真正的"教学设计师"。关于"教学设计师"，事实上在国外已经是一个非常成熟的职业。它最早可追溯到美国二战时期对军队士兵的培训需求。当时美国空军为了探索高效益的训练模式，聘请了大量研究人员对教学材料、教学方法等展开系统分析和设计。而这也开启了教学设计师作为一个专门职业的大门。其就业范围涉及高校（教师职业与非教师职业）、企业、公共电视系统或电视台、媒体机构、师资培训、IT 业、新闻业、汽车业等诸多领域。总体而言，教学设计师（Instructional Designer）作为一个专门的职业，是指从事教学设计、绩效设计工作的专业人员，其能够根据教学设计的相关理论和用户需求，对教学内容、教学策略、教学媒体和教学评价进行规划与设计，以促进学习有效性的职业。目前来讲，教师和教学设计师就工作内容和工作形式而言，依然存在显著的区别。教学设计师可以在学校辅助各领域的学科专家制定教学策略、选择教学媒体，也可以在企业内部指导人力资源建设或者是进行教育类产品的设计开发等。所以，较之教师，其工作范畴要广得多。在具体工作中，教学设计师一般不面对学生参与直接的教学工作，而是通过指导、帮助教师来间接地起到提高教学质量的作用。这种指导和帮助作用主要体现在设计课堂教学过程、设计制作教学软件等方面。传统意义上的教师，则是指在学校中直接参与教学的人员，与教学设计师相比，他们更熟悉自身学科范围内的知识和技能。就目前的发展趋势而言，两者有相互靠拢的趋势，尤其是对信息时代的教师而言，教学设计师所强调的系统化的设计方法，

注重设计的可操作性、可评估性等特点,将成为未来教师发展的必然诉求。

二、从"教师"到"教学设计师"演变的必然性

(一) 自上而下——宏观教育理念的变革使粗放型教育向精细化转型

教育、社会与人的发展之间始终处于一种共演的关系之中。从工业时代的基本特征来看,在效益至上的内在逻辑之下,标准化、大批量、工艺稳定、科层化的组织管理等作为重要的理念被渗透在社会中,而于此形成的对于人才的要求便是强调标准化的劳动动作、标准化的操作程序等。这些反映在教育教学中,便是形成了传统教学的模式,即强调统一的内容、统一的标准。而进入信息时代后,一方面,随着生产力的不断发展,社会生产力取得了长足的发展,社会产品表现出极大的丰富性;另一方面,随着居民收入和生活水平不断提高,消费需求越来越多样化和个性化,在此背景之下,强调多元化、个性化、注重创造已成为当今时代的教育共鸣。正如当代国际著名教学设计专家赖格卢特教授所言:工业社会教育的特征是"时间固定、结果可变"(也就是每个人在同样的时间学习同样的内容甚至还提出了同样的要求,在同样的时间升学或者毕业,但是并没有达到同样的结果,培养的人才质量参差不齐),而信息社会教育的特征则是"时间可变,结果稳定"(也就是根据不同学习者的需要量身定制,发挥每一个人的发展潜力),见表 3-3[①]。这种理念的变迁决定了信息时代的教学正在从面向集体转向面向个体,这种转变带来的结果便是教学过程更加多样、更加复杂,需要教师精心筹划和设计。

---

① 盛群力.教学设计的涵义与价值[J].浙江教育学院学报,2008(3):45-49.

表 3-3　工业时代与信息时代教育特征对比

时代	工业时代	信息时代
	标准化	个性化
	服从性	首创性
教育特征	划一性	多样性
	集中控制	责任自主
	单向沟通	网络联系

（二）自下而上——技术的多样性促使课堂必须实现有序重构

随着现代信息技术的迅速发展,计算机、多媒体和网络等技术在敞开万花筒般的世界的同时,也给教育者提出了更大的挑战:如何利用这些技术改进教学。从资源层面上来看,不加设计、编排的资源面临着两个问题,一是信息超载,二是知识碎片化。就前者而言,在网络技术不断发展的背景下,世界的信息和知识都处于大爆炸状态,造成信息量大、信息质量差、信息价值低等问题,信息超载的现象也随之而生。如何处理海量信息,让它们成为对自己有用的知识,是每个人将要面临或正在面临的一大挑战。与信息超载相伴相生的便是知识碎片化问题。正如有学者所言,互联网是第一个打碎的花瓶。以前,我们的知识体系是被按照学科分类精心组织起来的,每一门学科都像一个精致的花瓶。记载这些学科知识的书籍,根据某种内在逻辑,将一个又一个知识点按照线性结构串联起来,从第一页到最后一页,从第一章到最后一章,条分缕析、层次分明。但网络改变了这一切,它不像书本那样,是一种按先后顺序依次排列的线性结构,而是通过一种超链接形式将所有的信息或知识点,连成一种错综复杂的网状结构、三维立体结构。① 它需要经过比以往更加复

---

① 王竹立.新建构主义的理论体系和创新实践[J].远程教育杂志,2012(6):3-10.

杂的编排和重构,才能为教学所用。从教学手段来看,传统的以静态、单一为基本特质的教学工具正在向功能多样的数字化教学工具转变。它改变了传统教育对文字和印刷技术的过度依赖,能够多通道、全方位、整体化地呈现教学信息。对于不可视、无法触摸的物体或有危险的场所,甚至自然界或现实生活中不可能存在的事件,也可以通过虚拟现实技术去展现。也正是基于这种技术功能的多样性,各种新的教学模式应运而生。祝智庭教授从个体主义、集体主义、客观主义、建构主义四个维度来分析信息技术支持的教学模式,如图 3-8 所示①。

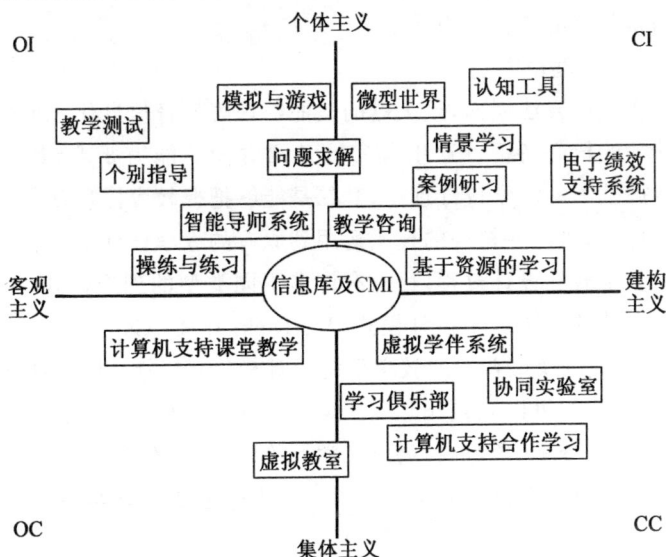

图 3-8 信息技术支持的教学模式

面对如此繁多的教学模式,传统的依葫芦画瓢的模仿范式显然无法应对信息化时代的教师专业发展。教师必须从传统的模仿范式转为设计范式,即我需要达到何种教学目的、选用何种

---

① 祝智庭.现代教育技术——走向信息化教育[M].北京:教育科学出版社,2002:126.

模式能实现这个目的、利用这种教学模式我需要何种技术手段等,以此为逻辑来组织教学。其是以目的为核心,通过设计过程,进而对纷繁复杂的模式与技术手段进行筛选和重组,只有这样才能以不变应万变。

三、创新阶层的具体能力体现

结合信息时代的宏观背景及教育信息化 2.0 教学设计师的基本内涵,我们从理论方法、技术素养、学科教学三个层面来探讨创新阶层的具体能力要求。

（一） 理论方法

在理论方法层面,最关键的是能够理解教育信息化 2.0 教学设计师的核心特征。这里其实涉及两方面的能力要求,其一是要掌握基本的教学设计理论,其二是能够把握教育信息化 2.0 的技术特征,将一些核心的技术运用到原有的教学设计中去。

关于教学设计过程,目前有许多不同类型的理论模式,如迪克—凯瑞的系统教学设计模式(W. Dick. & L. Carey)、肯普(J. E. Kemp)以及最普遍的教学系统设计模型(ISD)。从各种理论模式中,我们可以归纳出以下几点:学习需要分析、学习目标阐明、学习者分析、学习内容分析、学习策略制定、教学媒体的选择和利用以及教学设计成果的评价。这七个基本组成部分可以构成教学设计过程的一般模式。

表 3-4 教学设计模式基本要素

模式的共同特征	基本要素
学习需要分析	分析问题、确定问题
学习目标阐明	确定目标、确定相关可操作的评定方法
学习者分析	学习水平、学习风格、学习动机分析

续表

模式的共同特征	基本要素
学习内容分析	适配性、难度、内在关联等
学习策略制定	确定教学活动、说明方法和策略
教学媒体的选择和利用	教学资源选择、媒体决策、教学材料开发
教学设计成果的评价	结果分析、反馈调整

从教育信息化2.0的核心技术特征而言，教学设计必须关注以下几点。

第一，数据运用。大数据在教育教学领域的主要技术应用为教育数据挖掘和学习分析，其可以从纷繁复杂的教育数据中发现相关关系、诊断教学问题、预测事态走向、评估教学的整体效果等。从表3-4一些基本要素来看，传统的教学设计由于没有大数据的支撑，其在各个层面的分析留有主观性、随意性；而大数据的引入使得新一轮的教学设计必须要关注数据的采集与分析，即"我"需要哪些方面的数据，在课堂中怎么采集、怎么分析、怎么支持"我"的设计，这些新元素必须融入教育信息化2.0的教学设计中去。

第二，媒体融合。从某种意义上说，有了教学活动，就有了教学手段和工具。从传统的书本、黑板以及随后出现的幻灯机、投影仪、电视机等教学媒体，以及新兴的VR/AR等技术，能够运用到教学中的媒体种类越来越多样。那么，为了达到预期的教学目标，在功能各异的、丰富多彩的教学媒体中如何选择适宜的、有效的媒体组合是新一轮教学设计必须思考的问题。

第三，网络合作。信息时代的教学设计已不是传统的单打独斗的设计模式。它要求教师在学校之间、区域之间甚至更大范围内展开合作。尤其是对于教学模式的设计与开发，其需要大量的人力、物力，光靠教师一己之力很难完成。而网络合作不仅有助于加快教学设计的过程，更有助于创新型教学模式的辐射与推广。所以从某种层面而言,教育信息化 2.0 语境下教学设计的参与主体不是单个教师,而是作为群体的教师。

（二） 技术素养

关于创新阶层的技术素养,由于涉及教育与技术的深度融合,这里的技术素养我们是指教师作为"教学设计师"必备的、能够应对未来变化的、关键性的、通用性的、持久性的能力品质。围绕着创新阶层的目标,结合具体的设计过程,我们从以下几个领域展开。

需求分析能力:任何教学模式的开发都是基于一定的需求,开发的任何教学模式一方面要符合教育的宏观趋势,另一方面也要满足学生发展的需要以及教学系统自身完善的内部需要。在这一阶层,教师需要知道如何设计调查工具以及如何利用相关调查工具、网络平台收集所需的数据、资料,进而为模式设计奠定基础。

学习者分析能力:学习者分析主要包括一般特征、起始点能力、学习风格等。学习者一般特征是指与具体学科内容无直接联系,但是对学习者学习有关学科内容产生影响的个体的、生理与心理的和社会的特点,包括年龄、性别、认知成熟度、学习动机、个人对学习的期望、工作经历、生活经验、经济、文化、社会背景等。虽然一般特征的分析不直接指向教学内容的确定,但是它却关系到对整个设计过程中教学策略及教学媒体选择的正确把握。起始点能力,实际上是对学生既有基础的把握。教师必然要确定两点:第一,所要教的内容是学习者尚未掌握的东西;第二,所要教的内容是学习者在现有知识水平基础上通过学习能够掌握的东西。这就要对学习者的起始点能力进行分析。学习风格,是个人喜好的掌握信息和加工信息的方式。当教学策略和方法与学习者思考或学习风格相匹配时,学习者会获得更大的成功。因此,教师需要利用相关的技术手段,关注学生的一般特征、起始点能力以及学习者风格等,尽可能利用数据考查各种教学策略与不同学习风格、一般特征、起始点能力之间的适应程度等。

内容选择与媒体利用能力:任务是否会体现教学目标,如何来体现,这需要我们对学习内容做深入分析,明确所需学习的知识内容、知识内容的结构关系、知识内容的类型(陈述性、程序性)。另外,结合内容以何种媒体形式呈现,才能达到最好的效果也是需要进行分析的方面。在这里我们给出媒体选择时的基本策略:第一,根据不同需要选择不同的媒体;第二,选择能够提供足够刺激强度的媒体,吸引学习者的注意;第三,注重媒体的交互性,具备交互功能的媒体有利于激发学习者兴趣;第四,关注媒体的可用性问题和成本效益,不同学校、地区的经济水平不同,应尽可能选择性价比高的媒体。

系统评估能力:评价是对教学结果及其成因的分析过程,借此可以了解教学各方面的情况,从而判断它的成效、矛盾和问题。任何一位教师都可以完成课程内容的教授任务,但是真正的好教师一定会对既定目标、教学策略、教学媒体等进行评价与反思,考虑课堂中的这些因素是否有效,或者在今后课堂上是否需要修改。在这过程中教师可能需要运用相关的评价工具,如量表、问卷等对教学设计进行系统评估。

(三)　学科教学

结合智慧课堂教学平台以及学科具体教学,我们梳理了一些开发教学模式的基本思路和方法。

其一,在基本不改变原来教学程序的前提下,结合智慧课堂教学平台的功能特点,重点优化某个教学环节。以本书在"会用"部分提出的多任务混合式精准教学模型为例,虽然对原有教学模式的改进涉及多个方面,但每一项其实是基于原有教学模式的衍生和拓展,如将学习任务前置,精准把握教学难点、重点等。再比如传统的作业交流往往局限于组间、组内,镇江六中的金老师则利用平台设计了"谁吃谁"的活动,教师电脑上呈现了青草、蚱蜢、鸡、青蛙、蛇和老鹰六个图像,其将图像推送到学生端。学生接收到金老师推送来的图像后开始在图像上画捕食关系,画好后就提交到班级。学生提交完后就可以看到其他学生提交的作品,通过观看其他学生的作品,他们开始反思自己作业中存在的问题、和同伴讨论评价并解决自己及他人的作品中存在的问题。这种交流打破了原有的局限,能够在整个班级范围内形成良性的互动。

其二,改变教学结构,融入新的教学环节。如教学中经常会遇到一些学生一错再错的问题,教师新课中讲过,作业的时候让学生做过,练习的时候也让学生练习过,但由于学生对相关知识的错误建构,而且问题没有得到有效解决,仅依靠临时记忆,因此过一段时间便会忘记而导致继续出错。为此,镇江六中的赵琦老师专门设置了专家会诊教学环节。赵老师将教学中常见的错误整理出来,并将错误推送到学生终端,请学生对相关问题进行会诊,并将会诊结果传到班级。会诊结束后就可以看其他学生的会诊情况,通过观看其他学生的会诊结果反思评价自己的会诊情况。然后可以和同伴讨论自己和其他学生的会诊情况,进一步发现问题所在。在这个过程中,学生不再是聆听者而是讲述者、评价者,这种角色的转换有利于培养学生发现问题、自我纠错、及时改正的能力。

其三,对教学流程实现全面重组。传统的数学复习课往往是先把重点知识进行梳理,然后再反复练习。丹阳的智慧教学小学数学课堂,摸索出了反馈整理—集中归纳—分层练习—当堂检测,强调共性问题集中讲解与个性问题自我训练的小学数学复习课模式。首先,反馈整理,形成结构。学生在学习过程中生成的很多作业报告、课堂记录都将被保存下来,汇聚到学生成长记录中,基于这些形成性数据进行大数据分析,学习行为可显现,学习结果可回溯。其次,单元错题,集中归纳。通过智慧课堂教学平台自动归集错题、共性问题,集中讲解。再次,分层练习,针对训练。通过智慧课堂教学平台提供大数据分析、精准诊断到人到题。最后,当堂检测,数据对比。通过智慧课堂教学平台的限时功能、兜底训练,进行分层次检测,可以提升每个学生的信心,培养学生的良好学习习惯。

📖 **阅读材料:3-6**

　　前文提到的基于智慧教育的多任务混合式教学模型也是经历了一系列的开发过程,从局部更改到全面重组经历了漫长的时间。模式开发从来都不是一蹴而就的事情,而是从每个小环节入手,循序渐进式地开展。

　　设计与开发:在技术层面,关于智慧课堂教学平台的开发在几年前已基本完成,然而如何利用智慧课堂教学平台推动教学改革,是当下非常棘手的问题。一方面需要开发基于智慧课堂教学平台的基本教学框架,另一方面也需要考虑原有的教学模式和教师的实际水平,不能走大跃进式的改革路线。为了解决这个问题,南京师范大学的教授们和丹阳市教师发展中心教研人员以及相关教师一同,从小改到大改,从局部到整体,历经三年时间提出了相对符合教学实际并且可操作的教学框架。

　　实践开展:在模式框架基本建立之后,一方面我们对丹阳四所学校的多个班级进行实验班与控制班的对照,从横向对比中,观察该模式是否真正有效。另一方面我们也对部分学校进行了跟踪调查,从纵向的时间维度,观察该模式对学生发展的影响。

　　评价与反馈:为了评估该模式的有效性,我们从对学习行为的影响和对学习效果的影响两方面展开。在学习行为上,主要包括学习态度、学习动机、学习策略、学习兴趣、学习自信心等维度,结果显示运用智慧教学模式后,学生在各维度均有提升;在学习效果上,主要以丹阳全市教育质量检查为依据,各个学校中使用智慧教学模式的班级成绩比未使用的班级有较为明显的提高,部分实验班级各科成绩比控制班级统计均差几乎达 5 分以上,可以说明该模式对课堂教学效果有显著的提升作用。

思考与讨论

1. 结合日常教学实践中的具体案例或应用软件,分享课堂教学和学校工作中利用信息技术提高教学和工作效率的事例。

2. 结合学科教学,讨论课堂教学中存在的低效教学问题,并思考如何通过技术手段和教学设计来提高课堂效率。

3. 结合会用、融合和创新的三阶标准,为自己学校设计一个学校教师教育信息化能力培训方案。

第四章

基于智慧课堂教学平台的学科教学示例

第一节　教育信息化 2.0 课堂教学基本范式

目前,我国学者及一线教师总结出的常用教学方法主要有传统接受式、问题探究式、自学辅导式等。尽管各种教学方法存在一定的差异,但基本的环节主要包括:预习新知、创设情境、激发动机、复习旧知、设置任务、活动探究、自主学习、集中讲授、巩固运用等(见表 4-1)。结合前文提到的多任务混合式精准教学理论框架以及既有的教学实践,这里提供一般意义上的智慧课堂教学基本范式,以供教师及相关教育者参考。值得注意的是,多任务混合式精准教学模型侧重于从理论层面去探索教育与技术融合的方式,而这里提到的基本范式则是从教师的角度、从现实操作的角度去谈如何将相关的理念真正落实到教学中去。大致的教学框架结构为:确定教学目标、设置课前学习单、设置课堂任务单、设计课堂活动形式、设计任务活动评价方式、设计课堂效果评价、布置个性化作业(见表 4-2、图 4-1)。

(1)确定教学目标。教育目标是指教育中为实现教育目的所提出的不同层次的要求。在确定目标时一方面要关注内在的学生学情,同时也要关照外部的宏观教育背景,实现知识逻辑与心理发展逻辑的统一。关于教育目标,实际上包含不同的层级。目前不少教案的教学目标太空、太泛,与总目标和一般目标相混淆,以至于难以检测是否达到标准。教学目标理应是具体的、可观察的、可测量的。[①] 尽管我们强调要促进学生的多元发展,但多元发展不能以失去精准性、可控性为代价。合理的教学目标设置应是对可检测的预期教学效果的陈述,比如:学生能够分析

---

① 施良方,崔允漷.教学理论:课堂教学的原理、策略与研究[M].上海:华东师范大学出版社,1999:138-143.

不同的环境因素对植物生长的影响。结合这一目标,我们再设定检测学生是否达标的评估方法,比如可以通过设置选择、判断、分析、比较等一系列题型、任务来把握学生的知识掌握情况。这里可以利用布卢姆的目标分类学说,布卢姆把教学目标分为认知领域目标、动作技能领域目标和情感领域目标,不仅如此,他在每一个层次上都提供了相应的行为动词来确切地表述教学目标,具体可参见前一章的内容。

(2)设置课前学习单。一般教师在讲授新知识时,往往通过预习准备或者复习旧课的形式承上启下,实现课与课之间的过渡。由于传统教学的课堂时空有限,加之回家预习无法控制等因素,导致引入性的过程必须在课堂中完成,无法前置。而利用智慧课堂教学平台,一些较为简单的预习性的内容可以通过设置课前学习单的形式提前下发给学生。比如语文的生字读写、数学的准备题等等。这样做一方面有助于节省课堂时间,另一方面有助于教师把握预习过程中出现的问题,进而有针对性地进行讲解。在这过程中教师必须要把握的就是:哪些需要重点讲解、哪些学生自学可以完成。

(3)设置课堂任务单。任务教学法认为,在整个教学中围绕着总目标的实现,可以把总目标细分成一个个小目标,并把每一个学习模块的内容细化为一个个容易掌握的“活动任务”,通过这些小的“活动任务”来体现总的学习目标。正如前文提到的,之所以采用任务驱动的教学方式,一方面是由于学生作为未成熟的个体,课堂注意力有限,而通过任务驱动的形式可以吸引学生的注意力,让学生尽可能地参与到任务中去;另一方面,以活动任务完成的情况为载体,依托数据分析,我们可以实现对学生学情的实时把控,从而节省大量时间,把更多的精力花在难点、重点上。

(4)设计课堂活动形式。课堂活动是情景设置、活动探究、自主学习等一系列支持学生学习的活动总括。按照建构主义的观点,理想的学习环境应当包括情境、协作、交流和意义建构四个部分。学习环境中的情境是意义建构的基础,有利于学生学习兴趣的激发和动机的提升。协作则主要包括教师与学生之间,学生与学生之间的协作,对学习进程调控和学习结果的评价具有重要的作用。协作中的主要表现形式是交流,比如学习小组成员之间必须通过交流来商讨如何完成规定的学习任务,怎样更多地获得教师或他人的指导和帮助等等。意义建构则是最终的目标,维果斯基的最近发展区理论认为,儿童独立解决问题时的实际发展水平(第一个发展水平)和教师指导下解决问题时的潜在发展水平(第二个发展水平)存在一定区域空间。教学活动的意义就是通过情景设置、自主探索、协作学习、集中讲解等活动形式帮助学生从第一个水平跃迁到第二个水平,实现意义的建构、能力水平的提升。在实际教学中,教师可以围绕着各个小任务,利用智慧课堂教学平台的技术支撑,设置相应的课堂活动,比如在讲解生物之间的食物链关系时,通过下发图片,学生能在平板上圈圈画画,自主探索动物之间的捕食关系。再比如语文课上为了让不同小组描绘自己喜爱的花(共有牡丹、荷花、梅花、菊花四种花),学生可以加入自己喜欢的组别,描绘自己喜欢的花。学生先自主学习,再同桌合作,讨论各自写的是什么,最后可以将答案统一上传到智慧课堂教学平台。同时学生在上传时,可以浏览到所有同学的作业,实现学习与分享的统一。

(5)设计任务活动评价方式。新课改后,课堂教学的目标从"双基"发展到"三维目标",再继续发展为"核心素养",这种不断跃迁的过程决定了相应的评价方式应该更加多元。同时,在评价方式上,不仅要重视评价主体对评价客体的评估结果,还要将学生评价、同行评价、自我评价和学习成果评价等评价方式有机结合起来,这样才能更加全面地掌握学生的学习质量及相关教学因素的影响,进而有针对性地改善"教"和"学"。基于智慧课堂教学平台的功能以及实际教学经验的总结,主要有以下几种方法:一是系统评价,可以利用系统自带的统计分析功能精准了解学生的完成率、错误率等等,适用于选择题、填空题等客观题;二是教师评价,学生利用拍照功能上传自己的作品后,教师分类归纳进行点评,适用于主观题;三是学生互评,学生完成自己的作业并上传后,教师可以选择随机交换,让学生成为彼此诊断的专家,主要适用于主观题。总体而言,评价方式的选择一定要结合任务目标,根据任务所代表的认知层次和深度选择适合的评价方法。

(6)设计课堂效果评价。课堂教学评价是对课堂是否有效的总体评价。正如一位美国课程专家所言:"课堂不是教师表演的舞台,而是师生之间交往、互动的舞台;课堂不是对学生进行训练的场所,而是引导学生发展的场所;课堂不只是传授知识的场所,而更应该是探究知识的场所;课堂不是教师教学行为模式化运作的场所,而是教师教育智慧充分展现的场所。"从最基本的层面来讲,课堂评价首先要关注教学目标的完成情况,它能够帮助教师进行查漏补缺,以便在课后实现针对性的补偿。如果更进一步,则要求对课堂的过程,如学生参与、学生表现、环节设置等进行评价反思,进而优化教学、促进自身的专业发展。

(7)布置个性化作业。我们一直强调要推动教育公平,促进学生的个性发展。从实践层面来讲,就是要使个体得到需要并适合自己的教育。我们不光要平等分"蛋糕",更要使每个人分到自己喜欢口味的"蛋糕"。基于课堂中的各个任务,学生会生成很多作业报告。通过智慧课堂教学平台,教师可以自动归集错题、生成个性化作业,实现分层练习、针对训练。一方面,学习进度较慢的学生可以进一步巩固基础,提升学习自信;另一方面,学有余力的学生也可以实现个性化发展。

表 4-1 传统课堂与智慧课堂教学行为对比

		传统课堂		智慧课堂	
		教师行为	学生行为	教师行为	学生行为
主要课堂流程	课堂导入	提问、讲授、活动、故事等	听讲（容易走神）	学情统计（提前下发任务）	边看其他学生的回答，边听讲（提高注意力）
	知识点讲解	顺序讲授		结合学生回答讲授	
	自主训练	巡视，查看学生任务完成进度（主观预估）	完成任务（容易偷工减料）	平台统计，查看任务完成进度（客观统计）	完成任务（提高速度、质量）
			完成后发呆		查看其他学生的答案（元认知）
	反馈讲解	提问学生（一对一互动）	沉默，被动应答；举手，等待教师指名；听其他学生回答	组织合作（全班互动）	分享展示
					互相点评（方法归纳；错误、亮点查找；互相批改）
	布置作业	统一作业（作业不匹配）		个性化作业（难度适合）	
主要技术应用	PPT（预设）	内容呈现		PPT（预设）	内容呈现
	板书	过程演示		电子白板	过程演示、学生作品批注
				互动平台（生成）	教师下发作业、批注、图片、视频等
					学生上传、互相查看作品、成果、答案等
					统计分析
课堂整体取向		课程内容是否能讲完		学生知识是否掌握	

表 4-2　教学框架示例

教学环节	具体示例	技术辅助
确定教学目标	1. 了解《齐民要术》的作者、内容及地位;知道科学家祖冲之。了解魏晋南北朝时期书法、绘画与雕塑方面取得的重大成就等基本史实 2. 通过学习魏晋南北朝时期重要的科技、人文成就,归纳、分析、总结时代特点和基本发展脉络	
设置课前学习单(复习已学知识)	将魏晋南北朝的朝代更替情况及相关史料、问题提前推送给学生,完成相应的预习工作	智慧课堂教学平台推送预习作业,教师根据数据分析学生知识的掌握情况
设置课堂任务单	任务 1:根据课本知识完成贾思勰、祖冲之的名人小档案 任务 2:概括出《齐民要术》的内容特点 任务 3:分析魏晋南北朝时期农业及数学的成就和发展 ……	利用智慧课堂教学平台下发任务单,围绕着相关的任务设计课堂活动
设计课堂活动形式	1. 情景设置:观看相关的视频资料,提出问题 2. 直接讲授:根据预习中数据反馈情况,精讲重点、难点 3. 合作交流:小组合作,制作名人小档案 4. 问题探究:根据相关史料,总结魏晋南北朝时期在科技发展上取得的成就,并寻找背后的原因 ……	利用智慧课堂教学平台拍照上传相关作品,教师可以利用同屏直接展示学生的成果;学生也可以利用平板观看视频和分享作品

教学环节	具体示例	技术辅助
设计任务活动评价方式	1. 系统评价：完成与魏晋南北朝相关的选择题、填空题等，进行当堂反馈 2. 教师评价：浏览学生上传的主观性的答案，大致把握学情 3. 学生互评：学生完成自己的作业后，利用随机交换的功能，为彼此的作业打分	利用智慧课堂教学平台的自评功能、随机互评功能
设计课堂效果评价	推送与本课相关的练习，包括选择题、判断题、分析题等题目，评价教学目标的完成情况	利用智慧课堂教学平台推送相关练习
布置个性化作业	基于课堂中的各个任务，学生会生成很多作业报告，教师可以将各个学生的错题以及过去题目进行整理，推送给学生，实现分层练习	利用智慧课堂教学平台的作业统计与分析功能

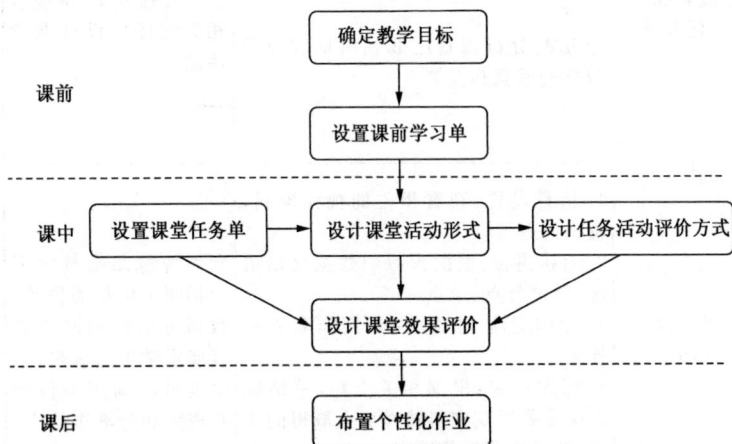

图 4-1 教学框架流程图

第二节　语文课堂教学示例

示例一　统编版小学语文第四册识字 4《中国美食》①

教学目标

1. 认识"菠、煎"等 15 个生字，读准多音字"炸"。会写"烧、烤、炒"3 个字。

2. 了解中国美食菜单、菜名、烹饪文化，并能说出用这些方法制作的家乡美食。

3. 激发学生对中国美食及文化的喜爱之情。

教学重难点

1. 教学重点：准确认读生字，并能正确、美观地进行生字书写。

2. 教学难点：认识并了解中国美食的制作方法，了解部首"火"和"四点底"的起源及用途。

教学方法

创境激趣法、图文视频演示法、讲授法、启发法、练习法。

教学准备

1. 教师：多媒体课件、词语卡片。

2. 学生：了解家乡的美食以及自己知道的其他美食。

教学过程

导语：识字单元为我们开启了一段文化之旅，今天我们走进中国的美食文化。齐读课题"中国美食"。

（一）　读菜单，规范读准字音

走进中国美食，从这一份菜单开始（出示课本菜单内容）。

1. 分块指名读。

正音（轻声）：蘑菇、豆腐。后鼻音：蒸饺。多音字：炸。

---

① 本部分作者系丹阳市新区实验小学张燕芳，收录本书时略有改编。

2. 齐读,指导读出词串的停顿。

（二） 试点餐，规律识记字形

如果这就是你今天午饭的菜单,你想点什么？我来为你服务。(出示去拼音、去图片的纯汉字式菜单)

1. 点餐情景模拟,检查识字。

口语交际练习:

师:这位先生,你想点什么？

生:我想点……

师:谁来添菜？不要重复,一定仔细听清别人点了什么。

生:我再点一个……

2. 发现形声字构字规律,方法识记。

好厉害呀,这份菜单里有很多生字,你们怎么记得这么快？(PPT 出示二会生字表)有秘诀吗？你可以举这里的一个字来说一说。

学生以"菠"为例,草字头下面就是个"波"字,这个字也读"bō",是形声字。像这样表音部分的读音和整个字的读音一模一样还有不少呢。出示"蘑、菇、爆、烤、腐",让学生读一读、认一认。以"煎"为例,"前"加四点底,这个字读"jiān",和"前"的读音很像,也是形声字。像这样表音部分的读音与整个字的读音不同,但很接近的形声字,还有"茄、煮、炖、蒸、饺、炸、酱"等,出示让学生读一读。

这里还有一个字很有意思,出示"粥"字的演变图。

"粥"的字源演变

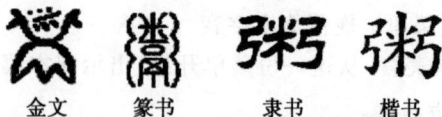

金文　篆书　隶书　楷书

你看,把稻米加水放在锅里烧煮,烧得热气腾腾的,就成了粥。现在用"弜"表示蒸气状的 ⺀ ,便有了现在的"粥"字。看懂粥字的演变过程,这个字你记牢了吗?

3."学正宝"选择练习,检验识记。

大家记生字有办法,效果怎么样呢?打开学正宝,我们来检测一下!经检测,出现错误较多的两个字是"腐"和"蒸",再次学习。

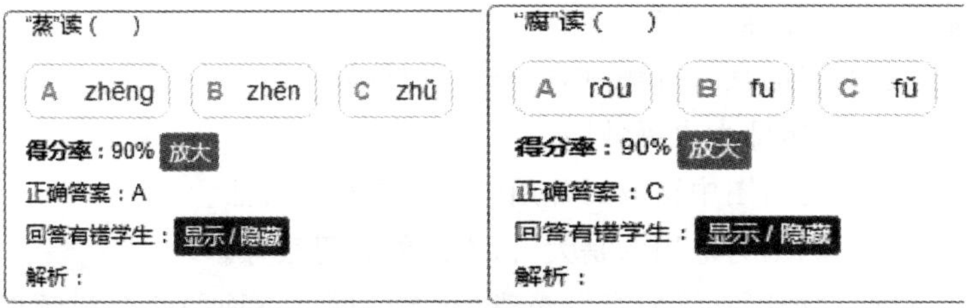

图 4-2　学生课堂反馈情况

（三） 议"位子"，发现菜单排布文化

1.设疑:"换位子",引发思考。

你们很会记生字,现在我遇到了一个问题,想请你们来帮帮忙!这份菜单中有两盘菜对自己的位子很不满意,"葱爆肉片"说:能不能把我分到"凉拌菠菜"一组去啊?我们都是四个字的菜,应该是一家呀。"水煮鱼"说:我也想和"蒸饺"换位子,我应该和三个字的菜在一起。

2.学生发现菜单按荤、素、主食分类排布,很有讲究。

小结:中国的菜单里藏着学问,荤、素、主食分类排布,方便人们选择。

（四） 品菜名，发现菜名设计文化

1.男女生合作读。

男:凉拌。

女:菠菜　油煎\豆腐　红烧\茄子。

2.女生齐读:菠菜、豆腐、茄子。

问:你们读的都是什么?（菜的名字,也叫食材）

3.男生齐读:凉拌、油煎、红烧。

问:你们读的都是什么?（菜的制作方法,也叫烹饪方法）

4. 发现菜名设计的奥秘：烹饪方法＋食材。

小结：中国的菜名里也藏着学问，既有食材，又有烹饪方法。

5. 提取烹饪方法。

凉拌菠菜是什么烹饪方法？拌。（依次提取煎、烧、烤、煮、爆、炖、蒸、炸、熬、炒）

这么多的烹饪方法，你们都见识过吗？

出示：厨师大火爆炒图。

师：你猜，图中这位厨师用的是什么烹饪方法？

生：爆，因为他用的是大火，跟爆的意思很像。

师：你能联系词的意思来猜，真有学问。下面的这个视频里也有不少有意思的烹饪方法，你们能不能看到了马上报出来？

（五） 拓视野，感受多样烹饪文化

1. 看视频，报出烹饪方法。（同时拿出词卡"烤、炖、煎、煮"再认，并有意打乱板书原有的排列顺序）

2. 学正宝，给"家乡特色菜"添上正确的烹饪方法词，如"蒸"猪油团子。

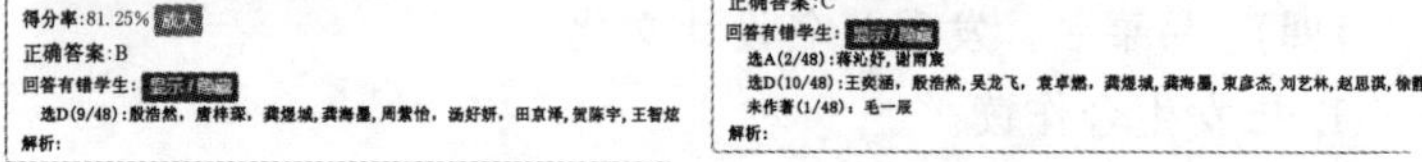

图 4-3　利用智慧课堂教学平台组织课堂活动

小结：不同食材，不同烹饪方法，做出各色各样的美食。

3. "蛋的盛宴"。

如果只有一种食材，能不能也做出很多种不同的美食呢？今天我们准备的食材是——蛋！蛋！蛋！蛋！出示各种蛋的美食！如煎鸡蛋、炒鸡蛋、煮鸡蛋……

小结:同一食材,不同烹饪方法,做出各种口味的美食。

4. 对中国美食的赞叹:现在你想说什么?

在板书中国美食后面添上横线,加感叹号。中国美食＿＿＿

＿＿＿＿＿＿!

(六) 排"板书",发现"火"与"灬"的联系

中国美食如此丰富,多亏了这些烹饪方法啊!咦,这些烹饪方法怎么排得这么凌乱?谁能帮忙来排一排,能排出字的规律就更棒了!

1. 按规律给乱序的板书排排队。(见板书)

2. 视频演示"火"与"灬"的演变,说说"火"与"灬"的联系。

(七) 学写字,了解"、丿"穿插的写字规律

1. 出示"烧、烤、炒",学生说说书写要点。

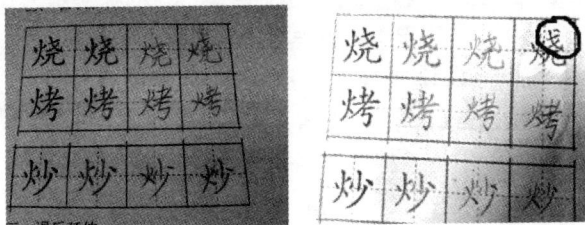

图 4-4　学生上传的书写作业

2. 写字,写完后拍照上传。

肯定写得好的,注 A,得金豆奖励。发现有 5 名学生"烧"字多了一点(如图 4-4),再进行订正、强调。

(八) 课外作业

先猜猜下面字的读音,再查字典验证,上网找一找这些烹饪方法可以做出哪些美味菜肴,完成填表后拍照上传。

字	读音	相关菜名	字	读音	相关菜名
焖			烩		
焗			熘		

续表

字	读音	相关菜名	字	读音	相关菜名
熏			熬		
烫			煲		

附课后学生完成情况：

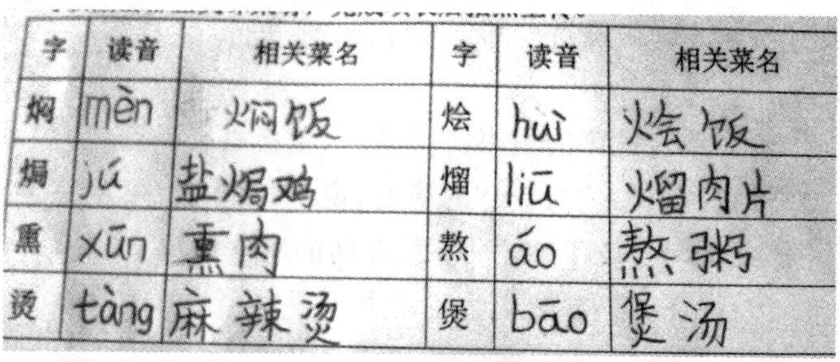

字	读音	相关菜名	字	读音	相关菜名
焖	mèn	焖饭	烩	huì	烩饭
焗	jú	盐焗鸡	熘	liū	熘肉片
熏	xūn	熏肉	熬	áo	熬粥
烫	tàng	麻辣烫	煲	bāo	煲汤

图 4-5　学生上传的作业

（九） 板书设计

中国美食

拌

火：烧 烤 爆 炖 炸 炒

灬：煎 煮 蒸 ｝ 火

示例二　苏教版小学语文四年级上册《春联》①

教学目标

这是一篇介绍春联的通俗小品文,课文描写了春联给新春佳节带来的喜庆气氛,生动优美的语言介绍了春联的内容和形式的特点,指出了春联的学习功能。语言通俗易懂,清新流畅,朗朗上口,适宜学生诵读、积累,特别是文中的五副春联,意境深远,音韵雅致,散发着祖国语言的无穷魅力。

---

① 本部分作者系南京市建康路小学顾静,收录本书时略有改编。

结合对文本及四年级学生认知水平的分析,设定教学目标如下。

1. 在充分预习的基础上,引导学生自主学习生字词,重点关注"增""氛"的读音和"添""奥"的字形。

2. 鼓励学生用联系上下文和展开联想的方法理解文中引用的春联,感受春联内容的丰富。

3. 结合文中的春联,找到其中对仗的字词,体会字数相等、词类相当的特点。

4. 诵读积累春联,感受春联的声律美。

5. 领略祖国语言的无穷奥妙,懂得读春联也是很好的学习,培养学生热爱祖国传统文化的思想感情。

教学重难点

1. 教学重点:理解文中引用的春联以及初步了解春联内容丰富、讲究对仗和声律美的特点。

2. 教学难点:理解春联对仗工整、声律美的特点。因为学生是初次接触,所以理解上存在一定难度。

教学过程

（一）　捕捉学情,以学定教

常规的语文课堂上大多是让学生以开火车读的形式检查课文预习后的朗读情况,学生也习以为常,但朗读缺乏激情。本次课在课前借助学正软件布置跟读练习,学生在平板上完成,每句话读完都会显示等第,更具趣味性和激励性。教师在后台可以查看到每位学生的跟读完成情况,也可以看到全班的情况统计。在课前准确把握学生的朗读情况可以为教师在实际教学中更有针对性地进行朗读指导提供有力保障,也为检查预习朗读提供了另一种可能性,这种新颖的形式也受到学生的普遍欢迎,读起书来也更有劲头了。再根据课前问卷反馈,引导学生关注易错的读音和字形,将写字的要求落实到位,扎扎实实抓牢基础,实现了教学目标的第一条。

跟读回答情况

内容	得分率
1:新春佳节，家家户户贴大红春联，给节日增添了不少欢乐祥和的气氛。	100%
2:我们仿佛看着各种各样的春联，就像是漫游在万紫千红的百花园中。	96%
3:春联中有的描绘了美丽的春光，如又是一年芳草绿，依然十里杏花红。	85%
4:有的展现了祖国欣欣向荣的景象，如春回大地千山秀，日照神州百业兴。	86%
5:有的歌颂了劳动人民幸福美好的生活，如勤劳门第春光好，和睦人家幸福多。	96%
6:更多的是表达了人们对新的一年的美好祝愿，如梅开盛世，竹报平安。	86%
7:诵读这些春联，你会朝到生活中充满了喜悦和欢喜。	100%
8:春联最讲究对仗。就拿绿柳舒眉闹新巳岁，红桃开口报新年"来说，"绿柳"对"红桃"，"舒眉"对"开口"，"辞"对"报"，'旧岁'对"新年"。	39%
9:上下联不仅字数相等，而且词类相当，细心揣摩体会，能从中学到一些使用文字的技巧。	100%
10:春联读起来抑扬顿挫，和谐动听。	84%
11:如果下功夫背诵一批名联，就能帮助我们感受到其中的声律美，领略祖国语言的无穷奥妙。	83%
12:人们常说"开卷有益"，其实读读春联也是一种很好的学习。	95%

跟读回答情况

1:新春佳节，家家户户张贴大红春联，给节日增添了不少欢乐祥和的气氛。 94.65%

获A同学:段淑尧,肖沣荣,殷梓婷,陈彦臻,丁雨晴,鲁冠宇,袁子然,王子睿,潘夏葆,赵文淇,石瀚文,袁苏雯,谷俊翔,唐振轩,马琳,张宇恒,童金开,冒鉴轩,赵炜森,唐晓易,章籽妍,路靖坤,李灌清,吴雨宸,陆伊豪,张子豪,杨沐林,苏中轩,杜雨晨
获B同学:黄懿,张昊阳

图 4-6　学生个体跟读回答情况

（二）　创设情境，引生入胜

赞可夫说："应该打开窗户，让沸腾的社会生活、奇异的自然现象映入学生的脑海，借以丰富学生的感情经验，激发学生的感情。"在进入精读环节时，先播放一段充满春节欢乐祥和氛围的短视频，喧闹的锣鼓、震天的鞭炮让人热血澎湃，最后的画面定格在大红的春联上，由此引出课题，"今天我们就来走街串巷去欣赏春联"。继而屏幕上呈现出课文第一自然段中的四副春联，

火红的背景、喜庆的配乐,营造出轻松愉悦的谈天气氛,引导学生读读春联,说说理解,唤起学生的表达欲望。《新课程标准》指出:语文课程丰富的人文内涵对学生精神领域的影响是深广的,学生对语文材料的反应又往往是多元的。所以鼓励学生以"我最喜欢'_____,_____',读了这副春联,我(知道了/感觉/仿佛看见、听见……)_____"这样的句式进行口头练习,此时学生兴趣高涨,争先恐后地发表自己的感悟,语言表达得到了很好的训练。

（三）　任务驱动,攻破难点

任务1:学习对仗。先请学生以"绿柳舒眉辞旧岁,红桃开口贺新年"为例,在白板上利用"笔"的功能边画边讲它是怎么对仗的。再请学生在刚才学习的四副春联

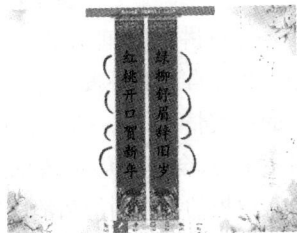

图 4-7　利用批注功能讲解对仗

中选择一副,上台批注讲解它是如何做到对仗工整的。

任务2:整理春联。纵观古今,还有许多脍炙人口的春联,老师课前搜集了几副,可是下联都乱了,请大家用连线的方式来帮老师整理整理,看看,谁和谁是一副?

图 4-8　连线整理春联

任务3:补充春联。依据上下联词类相当的特点,四人小组合作将春联补充完整。

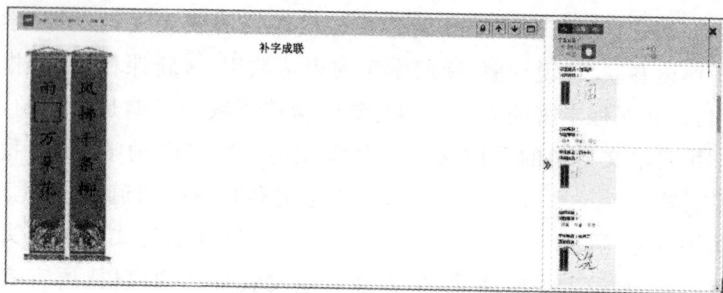

图 4-9　小组合作补充春联

通过讲对仗、理春联、补春联等活泼的形式,学生全员参与,每个人都在自己的平板上操作并上传至班级,后台能实时监测每位学生的提交情况,无一人可置身课堂之外,从而真正成为学习的主人,自主学习、合作探究,对春联对仗的特点循序渐进地有了了解。借助希沃白板的批注功能和学正软件的任务平台,增加实践的机会,在自主学习的同时还能在平台上学习其他小组的研究成果,相对往常教学时需要每个小组代表逐个发言才能交流学习的形式而言,课堂效率得到了显著提升。每个活动都直指教学重难点,层层递进。学生在活动中巩固所学,印象更加深刻,有力地突破了"了解春联对仗的特点"这一教学重难点。

任务 4:探究春联仄起平落的规律,并根据这个规律辨识上下联。

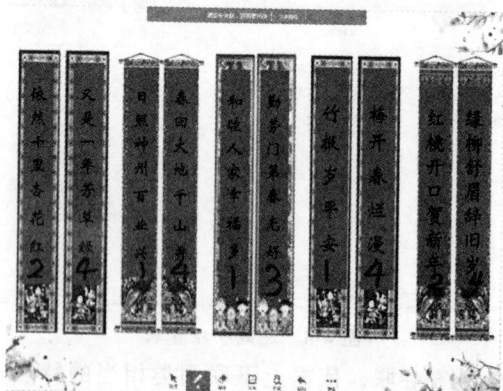

图 4-10　利用批注探究春联上下联尾字声调的规律

　　语文是实践性很强的课程,应着重培养学生的语文实践能力,而培养这种能力的主要途径也应是语文实践。因而,应该让学生更多地直接接触语文材料,在大量的语文实践中掌握运用语文的规律。以往大多是通过放开声音读、投入感情读、接龙竞赛读等多样形式的朗读,让学生在读中感悟"声律美"。但这次借助白板批注功能和声调平仄的知识拓展,带领学生一同探究春联"仄起平落"的规律,取得了很好的教学效果。从理解"抑扬顿挫"到探究仄起平落的规律,再到以此为据辨识上下联,学生在一环扣一环的语文实践活动中培养语感,提升审美,掌握规律,渐趋渐进地引导学生感受春联的声律美这一陌生而抽象的概念,将无形转为有形,享受学习的乐趣,领略祖国语言的无穷奥妙,攻破"了解春联声律美的特点"这一教

图 4-11　学生课前搜集的资料

学重难点。请学生辨析上下联的这副春联就选自学生课前搜集到并上传至学正班级平台上的资源,学习材料就来源于身边,这既调动了学生的学习兴趣,又潜移默化地传递了生活处处有语文的意识。

　　(四)　当堂检测,反馈便捷
　　利用思维导图,清晰明了地呈现本节课所有学习要点。检测的题目也都是本节课教学的重难点,体现"教学评"的一致。学正软件实现了全员参与,学生独立思考,独立答题,有效地实现了教学效果的快捷反馈,也有助于教师对学习有困难的学生进行个别化指导。

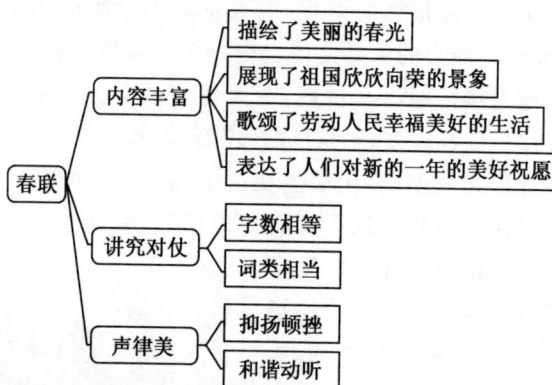

图4-12　思维导图

图4-13　当堂反馈情况

示例三　人教版中学语文七年级下册《木兰诗》[①]

教学目标

《木兰诗》是一首长篇叙事诗,讲述了木兰女扮男装,替父从军,在战场上建功立业,回朝后不愿做官,只求回家团聚的故事。文章热情赞扬了木兰勇敢善良的品质、保卫国家的无畏精神。

[①]　本部分作者系镇江六中王春艳,收录本书时略有改编。

结合《木兰诗》的特点以及学生的学情,教学目标定为:

1. 知识与能力:积累文言文知识包括重要的实词、虚词和句式;了解古诗修辞用语的特点;从整体上把握诗歌内容,准确、完整地复述课文,提高概括能力和语言表达能力。

2. 过程与方法:经历互相点评、成果展示等合作过程,能够结合语境理解诗中意象,体会诗中对于木兰人物形象的塑造方法。

3. 情感态度与价值观:感受木兰这一形象的审美趣味,理解诗中所表现出来的善良勇敢、热爱和平等的高尚品质。

教学过程

（一）复习导入

讲解作业,让错误的学生起来说一说为什么会选错,错误的原因是什么。传统课堂上对于作业的讲解,往往是凭主观感觉挑选易错题。利用智慧课堂教学平台的自动批改和分析功能,教师能马上知道每道题的得分率以及错误学生的答案,再让错误学生自己起来讲,更加有助于培养学生的自我纠正能力和元认知能力。

> 1.下列语句朗读停顿恰当的一项是（　　）
> A　不闻/爷娘唤女声,但闻/燕山胡骑鸣啾啾。
> B　双兔/傍地走,安/能辨我是雄雌?
> C　万里赴/戎机,关山度/若飞。
> D　爷娘闻/女来,出郭相/扶将。
> **得分率**:59.09%
> 正确答案:A
> 回答有错学生: 显示 / 隐藏
> 　选C (6/22):吴远航,古明,刘奉扬,宦乐,吴子健,李冰冰
> 　选B (3/22):何亚鹏,陈星星,李文华
> 解析:

图 4-14　作业反馈情况

（二）自主学习

任务 1:默读课文,找出相关语句,体会花木兰是一个怎样的人(学生自学,勾画语句,做批注。拍照上传,并推荐批注做得较好的学生)。传统课堂上,由于无法了解学生的进度,教师需要

不断巡视了解学生的完成情况。利用智慧课堂教学平台,教师能够精准把握学生的完成情况,把巡视浪费的时间用在学生答案的批阅上。另外,传统课堂上由于学习进度不一,先写完的学生往往是坐着没事干。利用智慧课堂教学平台,学生上传完答案后,就能看到其他学生的答案,从而发现自己的不足,形成隐性的交流。

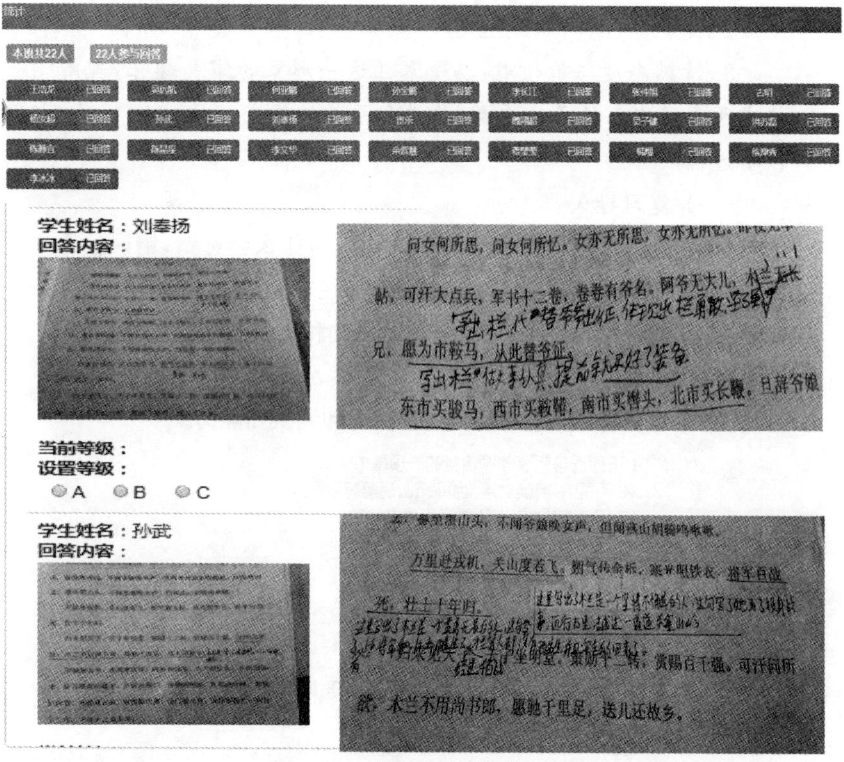

图 4-15 学生上传的课堂批注

任务 2:小组讨论。探究这首《木兰诗》能够流传至今,除了塑造了木兰这个巾帼英雄的形象之外,还在于它精美的语言,请思考:它的语言有什么特点?(引导学生结合课文,写出几条来,并将讨论的结果记下来,而后拍照上传到小组)传统课堂上讨论环节流于形式,要么沉默不语,要么自说自话,整体效果欠佳。
而利用智慧课堂教学平台,学生共同完成任务,互相分享,表现
好的小组还能获得"学豆"奖励,既能调动学生积极性,又能培养
学生的交流与合作能力。

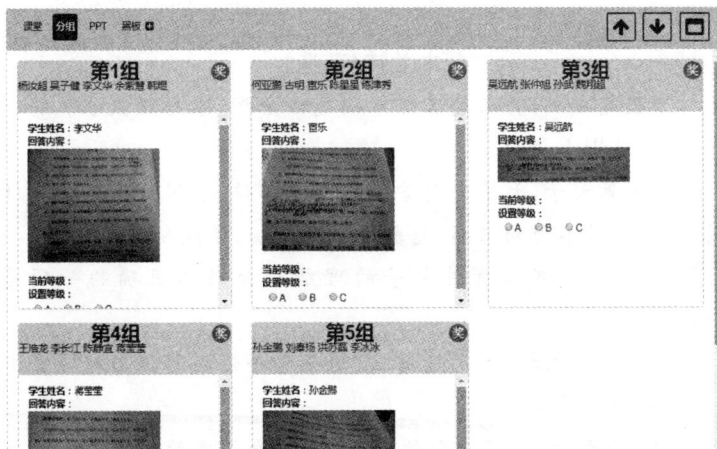

图 4-16　小组讨论情况

任务 3:配乐朗诵。学生跟随音乐,朗读最后 3—5 段,把握
文章感情、体会木兰诗的语言魅力。

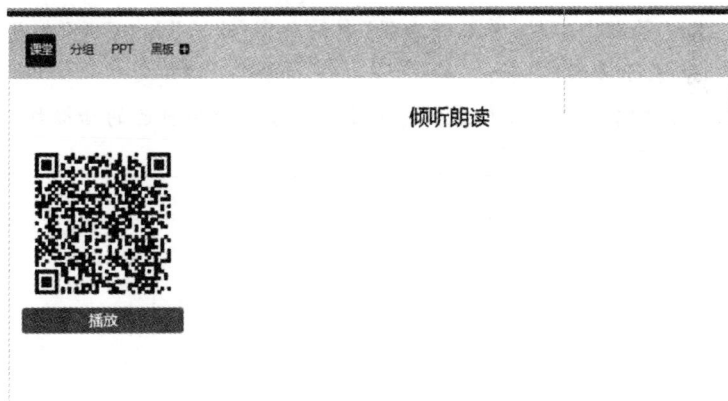

图 4-17　配乐朗诵

任务 4：课堂反馈。学生自主完成课堂作业后递交，没写完的学生利用课后时间写完后递交。传统课堂由于没有统计分析功能，很难查到哪位学生没交，利用智慧课堂教学平台能了解学生作业递交情况，保证了每次作业到人到题。

木兰诗（节选）

万里赴戎机，关山度若飞。朔气传金柝，寒光照铁衣。将军百战死，壮士十年归。

归来见天子，天子坐明堂。策勋十二转，赏赐百千强。可汗问所欲，木兰不用尚书郎，愿驰千里足，送儿还故乡。

1. 对上述节选部分有关句子的理解和分析不正确的一项是（　　）

  A."万里赴戎机，关山度若飞"用夸张手法描写翻山越岭奔赴战场的情景。

  B."朔气传金柝，寒光照铁衣"从听觉和视觉的角度描写边塞军营的生活。

  C."将军百战死，壮士十年归"实写将军拼死作战，壮士十年后归来的情景。

  D."策勋十二转，赏赐百千强"中的数字"十二"与"百千"都是表示多数。

2."可汗问所欲"时，木兰表达了什么心愿？请用自己的话概括。

_____

_____

_____

第三节 英语课堂教学示例

示例一 小学英语应用案例合集①

(一) 丰富的学习资源支持,拓宽语言学习路径

学习歌曲或视频在英语课前预习或新课的导入部分。教师经常根据新课话题,在课上播放相关歌曲和视频。但因为课堂时间有限,教师往往只是让学生欣赏一下,做不到真正的学习,这样就使得这个过程流于形式。运用"学正宝"平台后,教师可以提前一天将歌曲或视频上传,让学生提前听一听、唱一唱。这样的作业对学生来讲,不仅是一种美的享受,也让他们对新课话题有所了解,课上才有话可说。而且,英文歌曲和视频是一种非常好的语言材料,其语言生动活泼,易学易用,是增强学生学习词汇、句型,丰富表达的真实语料。比如,在教学三年级下册"Unit 4 Where's the bird?"之前,教师将一首有关介词的英文歌曲导入平台(如图 4-18),让学生作为预习作业提前学习,在学歌的过程中使学生对词汇有初步的了解,为课堂教学奠定基础。

Unit4	+添加导学单	✏修改	🗑删除
Pre-learning 1歌曲动画		上传 修改 删除 学习进度 导出pdf	
3.22作业		上传 修改 删除 学习进度 导出pdf	
Pre-leaming 2歌曲动画		上传 修改 删除 学习进度 导出pdf	
2.23听写		上传 修改 删除 学习进度 导出pdf	
3.26作业		上传 修改 删除 学习进度 导出pdf	
3.28		上传 修改 删除 学习进度 导出pdf	

图 4-18 导入平台的英文歌曲

---

① 本部分作者系南京市雨花台区教师发展中心周春燕,收录本书时略有改编。

1. 前置导学单

众所周知,课前学生的预习是非常重要且必要的。"智慧课堂"也强调"立足生本,以学定教"。但是很多时候,学生通过网络平台的课前预习效果不尽人意,一方面是因为小学生自控能力相对较差,另一方面是因为缺乏教师和家长的监督与引导。但通过"学正宝",教师可根据预习内容设计相应的导学单下发给学生,教师就像安装了"千里眼",可以在后台实时监管学生的作业完成情况,及时给予反馈,有效地实现了家庭教育和学校教育相结合,促进家校联动。在教学三年级上册"Unit 7 Would you like a pie?"之前,针对刚开始学习英语的学生,课前布置了一首关于食物的歌曲让他们提前预习,并回答有关歌曲主题和歌词中单词释义等问题。题目难度不大,教师可以通过后台做到及时监控完成情况。

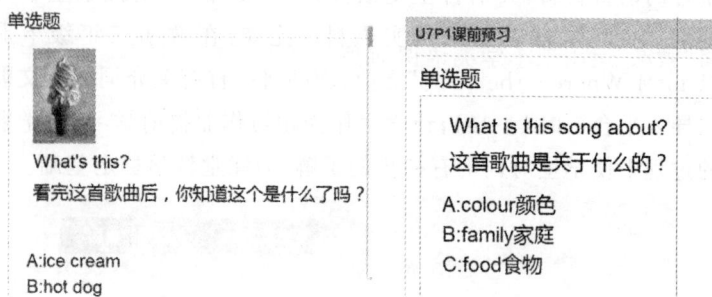

图 4-19 教师监控完成情况

2. 整合教材资源

在"学正宝"平台,教师可将教材课文录音、视频提前上传,让学生进行观看和朗读学习。尤其是跟读功能,在学生跟读的过程中给予分值的评估,有助于培养学生正确的朗读习惯,培养良好的语音语调。如在进行 Story Time 板块的教学时,我们可以使用"学正宝"跟读这一功能,让学生进行课堂的朗读模仿,教师在后台对学生朗读情况给予及时的反馈(如图 4-20),这样大大提高了课堂的学习效率和学习效果。

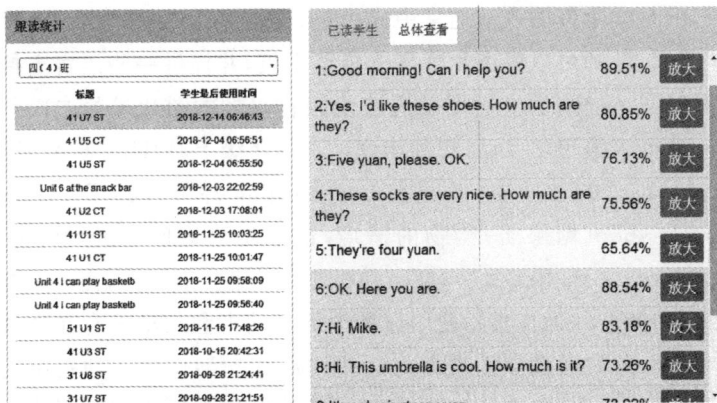

图 4-20 教师反馈朗读情况

3. 提供微课资源

教师可以将微课上传至学正智慧课堂教学平台,将微课插入导学单中,学生只需单击二维码就可以观看教师下发的微课。将"微课"运用于小学英语课前预习和课后巩固环节,有利于提高课堂教学的效率。首先,微课所呈现的是一个与新课相关的主题,有利于学生抓住课前预习和课后复习的核心内容。其次,微课以在线播放的形式呈现在学生面前,可以有效地调动学生的学习积极性和主动性。一般而言,微课都在 15 分钟以内,可以将课堂中的教学难点和教学重点凸显出来,吸引学生的注意力,降低学生长时间学习的疲劳感,提高学习的效果。此外,教师还可以根据微课的内容,给学生下发任务单,学生在观看微课后完成任务并拍照上传,便于教师实时监管。

4. 配套习题资源库

英语学科语言知识的巩固离不开习题的操练。"学正宝"平台对于每个课时都有配套的习题和单元试卷,教师可根据班级整体或个别学生的学情,选择相关题目进行针对性的练习。

5. 课堂教学活动资源支持

表演课文或是选择情景进行表演是英语阅读课中常见的环

节,但是学生们的表演通常中规中矩,语言表达不够丰富。通过学正宝,教师可以将图片信息上传至平板,并提供一些语言支持和拓展。这样,学生们可以挑选他们感兴趣的图片进行二次创作,使得表演更加灵动、更加丰满。在四年级上册"Unit 6 At the snack bar"的教学中,教师在 Post-reading 环节设计了一个在 Candy shop(糖果店)购物的情境,让学生巩固所学的"Would you like...? I'd like ..."句型。并在此基础上拓展词汇,充分发挥语用功能。因为在实际使用过程中部分词汇和句型没有在教材中学过,此时通过学正平台将这些词汇和句型作为一种资源支持提供给学生(如图 4-21),能够更好地促进学生语言运用能力的提高。

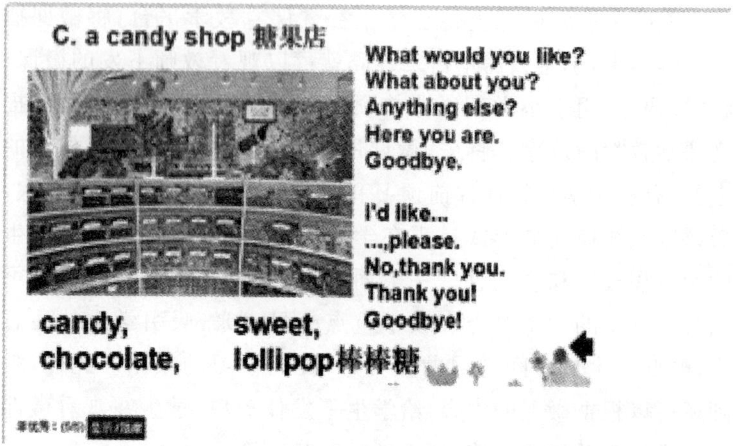

图 4-21 通过学正平台展示词汇和句型

(二) 及时跟踪反馈练习和作业情况,做到精准教学

通过学正智慧课堂教学平台,教师可以选取习题资源中的练习,也可以自己编写练习作为学生的电子作业。平台可以对作业进行及时评阅,并将反馈信息推送给学生,有助于提高师生间的沟通效果。同时,学正智慧课堂教学平台还引入了大数据

分析测评系统，可以收集学生的学习数据，分析学生微观个体的具体学习情况，分析课堂效率，并把分析结果传送给教师，教师根据测评结果反思自己的教学工作，调整自己的教学计划和课堂教学模式，并根据学生知识掌握情况有的放矢地开展"因材施教"，从而实现精准教学。从图 4-22 中，我们可以看出某天学生作业的上交和完成情况，数据分析一目了然。

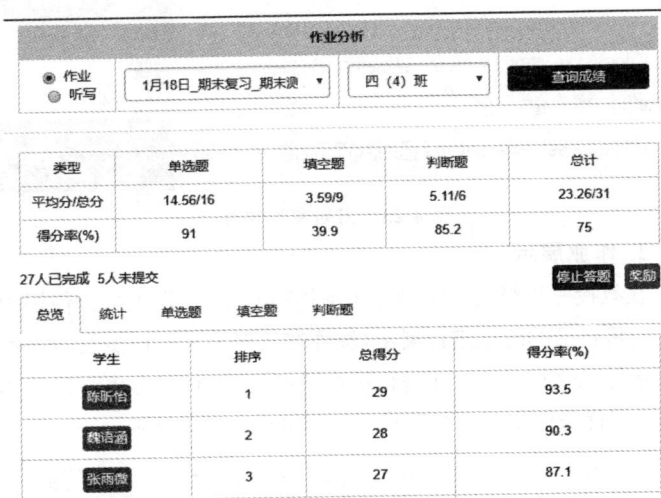

作业分析				
◉ 作业 ◎ 听写	1月18日_期末复习_期末澳 ▼	四 (4) 班 ▼		查询成绩

类型	单选题	填空题	判断题	总计
平均分/总分	14.56/16	3.59/9	5.11/6	23.26/31
得分率(%)	91	39.9	85.2	75

27人已完成　5人未提交　　　　　　　　　　　停止答题　奖励

总览　统计　单选题　填空题　判断题

学生	排序	总得分	得分率(%)
陈昕怡	1	29	93.5
魏语涵	2	28	90.3
张雨薇	3	27	87.1

图 4-22　某天学生作业的上交和完成情况

（三）提供自我展示平台，激发学生学习动力

"学正宝"具有拍照上传的功能，这也是最受学生喜爱的一个功能。拍照功能可以让学生们在学中玩，也给他们搭建了一个展示自我的平台。教师们可以在哪些教学环节使用平板的拍照功能呢？下面结合具体的课例谈一谈：

1. 圈关键词或划关键句子拍照

在细读课文时，要求学生找出关键句或关键词，拍照上传。如在三年级上册"Unit 4 My family"这一课的教学中，教师布置精读任务，让学生找出介绍家庭成员的句子，划出来，拍照上传，再进行回答（如图 4-23）。在"学正宝"平板的右侧可以展示出全班学生的作业情况，这既是互相监督，又是共同分享、共同展示的过程。

图 4-23 圈划关键词句

2. 作业展示

在教授三年级书写字母和正确抄写句子时，学生可以使用拍照功能上传自己的练习进行展示，教师在大屏幕上可以进行全班性的批阅指导（如图 4-24）。在进行写作课型授课时，教师也可以使用此功能，将优秀作文范例推送至大屏幕进行点评与展示。

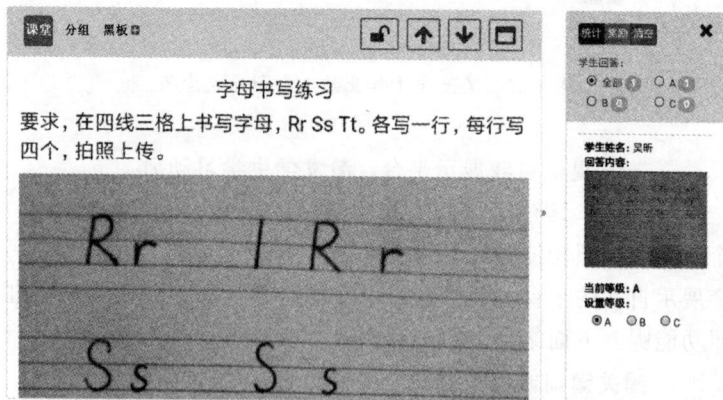

图 4-24 教师对学生上传的练习批阅指导

3. 成果展示

在小学英语教学中，教师通常会让学生开展绘画、手抄报创作、故事创编、思维导图绘制、绘本制作等,任务结束后可以使用拍照功能将任务成果上传,平台会将每个学生的成果都展现出来。如在三年级上册"Unit 4 My family"这一课的教学中,教师在拓展阶段让学生编写歌曲,拍照上传(如图 4-25),然后选择几位学生的作品,让其用表演的方式展示给大家,做到共同欣赏与交流。

图 4-25　学生拍照上传编写的歌曲

"学正宝"的拍照展示功能,让学生们可以看到同伴的作业和成果,能够通过互相的学习、交流和比较,找出差距,相互促进,进一步提高水平。尤其对于一些英语成绩薄弱的学生来说,他们的成果没有被忽略,能被展示,有利于树立他们学习的自信心,增强他们在英语教学活动中的自我认同感和责任感。同时,这样的成果展示任务,可以调动学生学习英语的积极性,激发他们的想象力和创造力,培养他们的创新能力和思维品质。教师可以关注到每一个学生的个性发展,从而提高他们的自主学习力。

(四)　拓展学用渠道

《义务教育英语课程标准》指出:"开发课程资源,拓展学用渠道。"具体地说,就是要合理利用课程资源,挖掘学习素材,使得学生能在更大的学习空间里找到英语学习的乐趣。作为教师,我们要有意识地拓展学用渠道,鼓励学生积极参与到教学活动中,从而拓展学生的知识视野,提高学生的英语素养。教师在教授三年级下册"Unit4 Where is the bird?"中的方位词时,将小鸟贴在班级的不同位置,利用"学正宝"的拍照功能,让学生找一找、拍一拍、说一说。教师善于利用硬件资源"学正宝"来挖掘课堂中的环境资源,使学生在课中既享受到了参与活动的乐趣,又更好地理解、掌握了方位介词"in""on""under"的用法。整个过程中学生的参与热情非常高,学习效率得到了很大的提升。

示例二　译林版牛津英语七年下册

Unit 2 Neighbours Integrated Skills[①]

教学目标

1. 知识目标:听懂有关工作及工作场所的名称,根据获取的信息完成表格并根据所得信息完成邮件。

2. 能力目标:提高通过听录音获取所需信息的能力。

教学重难点

1. 教学重点:听懂有关工作及工作场所的名称,根据获取的信息完成表格并根据所得信息完成邮件。

2. 教学难点:听懂有关工作及工作场所的名称,根据获取的信息完成表格并根据所得信息完成邮件。

教学过程

（一）　Different jobs

Step 1 Lead-in

1. Guessing game

T：Today we'll learn integrated skills of Unit 2—Neighbours. First let's play a guessing game. This is a photo of a baby. Now it has turned into a man/woman. Can you guess what his/her

---

① 本部分作者系镇江六中钱稚勉,收录本书时略有改编。

job is now?

【设计意图：让学生根据两张婴儿照猜测两人现在的工作，激发他们的兴趣；类似头脑风暴的形式调动学生有关职业的储备知识，使其迅速进入本课话题。】

2. Revision

T：Listen to the tape. Can you tell me the names of different jobs?

（1）They work in a school to help children learn. (teachers)

（2）They have special skills, such as making ships, planes and other machines. (engineers)

（3）When you're ill, you go to hospital to see them. (doctors)

（4）They are always kind. When you are in hospital, they look after you. (nurses)

（5）They work in a restaurant. They serve you food. (waiters/waitresses)

（6）They make delicious food for people in a restaurant. (cooks)

（7）They can take you anywhere you want to go by taxi. (taxi drivers)

【设计意图：复习第一课时学过的有关职业的词汇，一方面培养学生对职业词汇的敏感度，另一方面为接下来谈论自己将来的职业做知识储备。】

Step 2 Presentation

1. Present new words of professions

（1）PPT5

T：What does this man do? He is a policeman.

T：What do they do? They are policemen.

T：What's her job? She is a policewoman.

T：What are their jobs? They are policewomen.

T：What place is it? It's a police station.

T：Who works in the police station? Policemen work in the police station.

T：Please read these words after me.

（2）PPT6

T：What is this man? He is a postman.

T：What are they? They are postmen.

T：What place is it? It's a post office.

T：Who works in the post office? Postmen work in the post office.

T：Please read these words after me.

（3）PPT7

T：What is this lady? She is an office worker.

T：Where does she work? She works in a company.

T：This man also works for a company. He is a manager.

T：Complete the sentence.

This office worker and the manager work for different _____ (company).

T：Please read these words after me.

【设计意图：通过教师提问，图片呈现，直观教学生词。教师用三个同义句提问职业，让学生了解询问职业的三种表达方式。通过完成句子，让学生明白单复数的使用和一些词汇复数的变化形式。跟老师朗读，熟悉生词发音，为下面的听力做准备。】

2. Complete Part A1

3. New words：elder brother/elder sister

T：Wendy is Millie's penfriend. She's talking about the jobs of her family members. Here is Wendy's family photo.

This is Wendy. They are Wendy's parents. Who are they? He's Wendy's elder brother and she's Wendy's elder sister.

【设计意图:选取符合材料的家庭照,直观教学生词。】

Step 3 Listening

1. Complete Part A2

(1) Listen to the tape and complete the table in Part A2.

(2) Check answers in pairs. Ask and answer questions like this:

What does Wendy's dad/mum/... do? Where does he/she work? He/She ....

【学生完成后,拍照上传,同时查看其他学生的答案,找出填答过程中的错误。】

Person	Job	Place
Wendy's dad		
Wendy's mum		
Wendy's elder brother		
Wendy's elder sister		

图 4-26　*A2 部分的表格*

2. More about Wendy's family

(1) Listen and choose the correct answers.

(2) Say something about Wendy's dad/mum/elder brother/ elder sister.

Wendy's elder brother goes to work by bike/goes to work on his bike/rides to work.

Wendy's elder sister goes to work by train/goes to work on the train/takes the train to work.

I go to work by car/go to work in my car/ drive to work.

【设计意图：帮助学生更好地理解听力材料，为接下来的课文填空做铺垫。扩充同义表达，丰富学生的句式。】

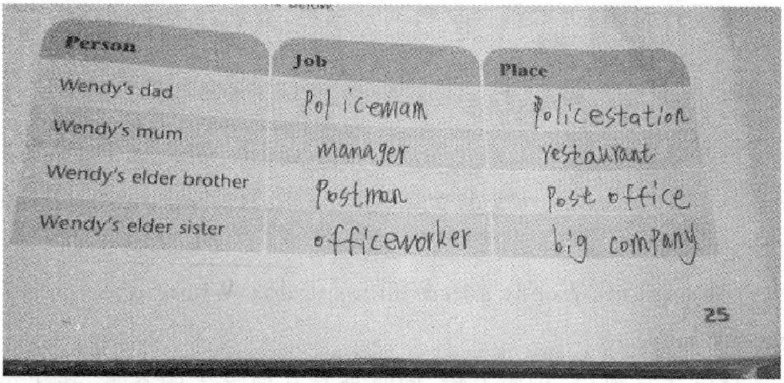

Person	Job	Place
Wendy's dad	Policemam	Policestation
Wendy's mum	manager	restaurant
Wendy's elder brother	Postman	Post office
Wendy's elder sister	officeworker	big company

25

图 4-27　学生上传照片

3. Complete Part A3

T：Check your answers in pairs.

T：Let's read the completed passage together.

【学生完成后，拍照上传，同时查看其他学生的答案，找出填答过程中的错误。】

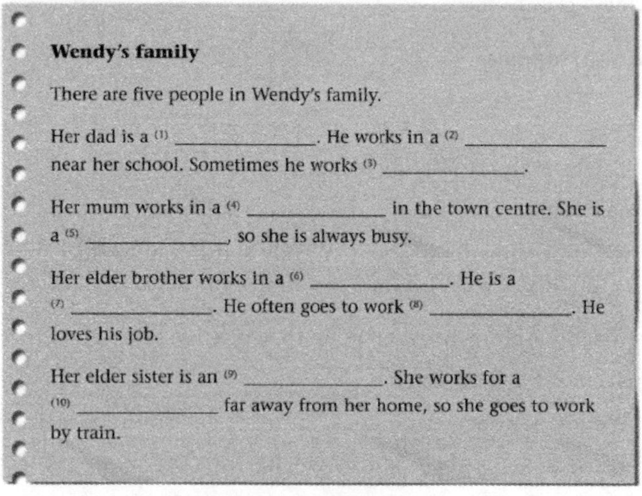

Wendy's family

There are five people in Wendy's family.

Her dad is a (1) ____________. He works in a (2) ____________ near her school. Sometimes he works (3) ____________.

Her mum works in a (4) ____________ in the town centre. She is a (5) ____________, so she is always busy.

Her elder brother works in a (6) ____________. He is a (7) ____________. He often goes to work (8) ____________. He loves his job.

Her elder sister is an (9) ____________. She works for a (10) ____________ far away from her home, so she goes to work by train.

图 4-28　A3 部分的练习

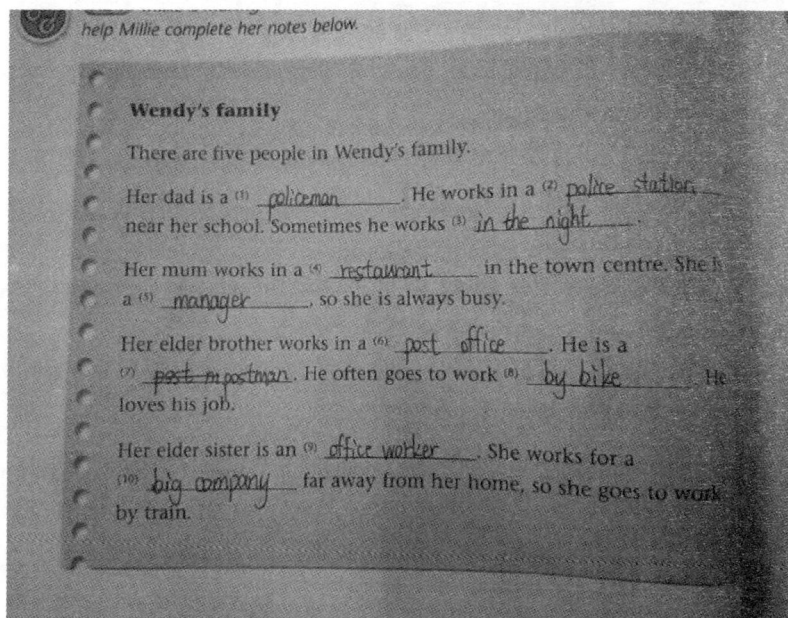

图 4-29　学生上传照片

Step 4 Production

T：There will be an evening party in your new neighbourhood. Please introduce your family to the neighbours. First let's watch a short video.

T：Work in groups of four and prepare the introduction.

【设计意图：围绕本课话题，让学生联系实际生活进行语言输出。】

（二）Speak up：What are you going to be in the future?

Step 1 Presentation

1. New words：sick, artist, future

T：Do you want to know something about my family? My

husband is a doctor. He is always ready to help sick people. My son is 7 years old. He likes drawing very much. He's going to be an artist in the future.

【设计意图：通过介绍教师自己的家庭与上面的板块自然衔接，让学生在情境中习得生词。】

2. Free talk

T：What are you going to be in the future? Are you going to be a …?

【设计意图：通过问答，让学生熟悉此句型和有关职业的词汇，为下文对话打基础。】

Step 2 Practice

1. Listen and fill in the blanks

2. Read the dialogue together

3. Make up a similar dialogue

T：Work in groups of four and talk about your dream jobs.

4. Make a conclusion

T：Each of you has a beautiful dream. But how can you make your dreams come true? Work in pairs and talk about your plans.

T：A good plan is a good start to success. A good plan is not good without carrying it out.

【设计意图：在话题中巩固本单元语法 be going to，并对学生进行情感教育。】

（三）Consolidation exercises

【设计意图：听录音选择正确答案，检测学生的知识掌握情况。】

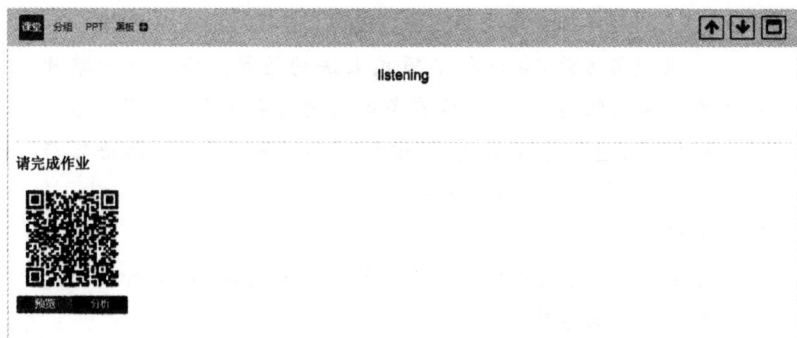

图 4-30 听力练习

类型	单选题	总计
平均分/总分	7.97/10	7.97/10
得分率(%)	79.7	79.7

30人已完成 1人未提交

总览　统计　单选题

Where are they talking?
A. In a shop.
B. In a post office.
C. In a library.
得分率：90%
正确答案：B
回答有错学生：
选A (3/30)：何亚鹏,杨汝超,陈墨思
解析：
　M: What can I do for you?
　W: I want to post a letter. How much is it?

图 4-31 反馈学生的知识掌握情况

第四节　数学课堂教学示例

示例一　苏教版初中数学七年级下册《单项式乘单项式》①

教学目标

1. 知识与技能：知道"乘法交换律、乘法结合律、同底数幂的运

---

① 本部分作者系镇江六中赵琦，收录本书时略有改编。

算性质"是进行单项式乘法的依据。能说出单项式的乘法法则。

2.过程与方法:会进行单项式乘法的运算。经历探索单项式乘单项式法则的过程,发展有条理的思考和语言表达能力。

3.情感、态度与价值观:通过拼图和面积的计算,感悟数与形的关系,提高对数学学习的兴趣。

教学重难点

1.教学重点:探索整式乘法运算法则的过程,会进行单项式和单项式相乘的运算。

2.教学难点:理解运算法则及在乘法中对系数运算和指数运算的不同规定。

教学过程

(一) 复习导入

目前中小学的数学作业往往题量较大,每天的作业量一般在 20—40 道题目左右。传统的纸质作业由于需要手动批改,需要花费大量的时间并且无法统计分析,效率不高。利用智慧课堂教学平台,可以将题库里面的复习(预习)题目提前下发给学生,既节省时间,又能提高课堂效率。同时对于一些主观题,教师可下发推荐答案,而后学生之间互相批改,既能学会评价他人,又能提高作业批改速度。

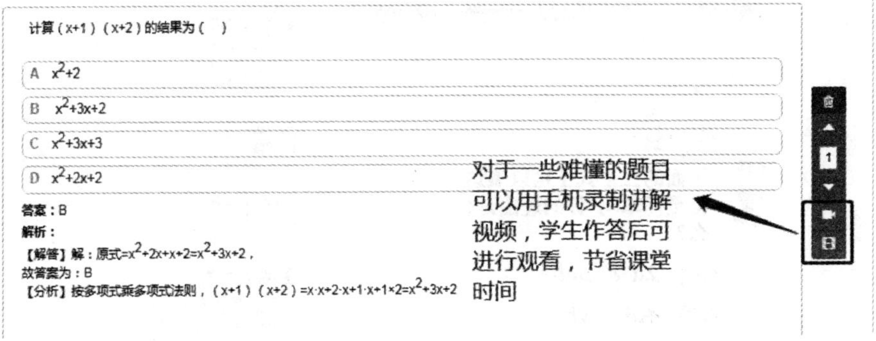
计算（x+1）（x+2）的结果为（　）
A　x²+2
B　x²+3x+2
C　x²+3x+3
D　x²+2x+2
答案：B
解析：
【解答】解：原式=x²+2x+x+2=x²+3x+2，
故答案为：B
【分析】按多项式乘多项式法则，（x+1）（x+2）=x·x+2·x+1·x+1×2=x²+3x+2
对于一些难懂的题目可以用手机录制讲解视频，学生作答后可进行观看，节省课堂时间

图 4-32　学生可观看难懂题目的讲解视频

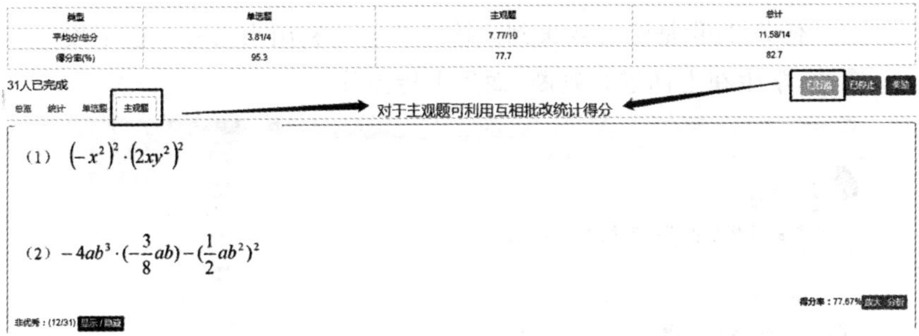
类型　单选题　主观题　总计
平均分/总分　3.81/4　7.77/10　11.58/14
得分率(%)　95.3　77.7　82.7
31人已完成
主观题
对于主观题可利用互相批改统计得分
（1）$(-x^2)^2\cdot(2xy^2)^2$
（2）$-4ab^3\cdot(-\frac{3}{8}ab)-(\frac{1}{2}ab^2)^2$
得分率：77.67%
非优秀：(12/31)

图 4-33　对于主观题可利用互相批改功能

（二）自主探究

任务 1：议一议下面三个式子可以表达得更简单吗？该环节教师可以生成小黑板，下发后让学生简单地画画写写，提高学生的课堂参与度。传统课堂由于技术限制，往往只能请一个学生到黑板上进行演练，其他学生观看或者在自己的本子上完成。利用小黑板功能，每个学生都有属于一块自己的小黑板，能够展示自己的成果。

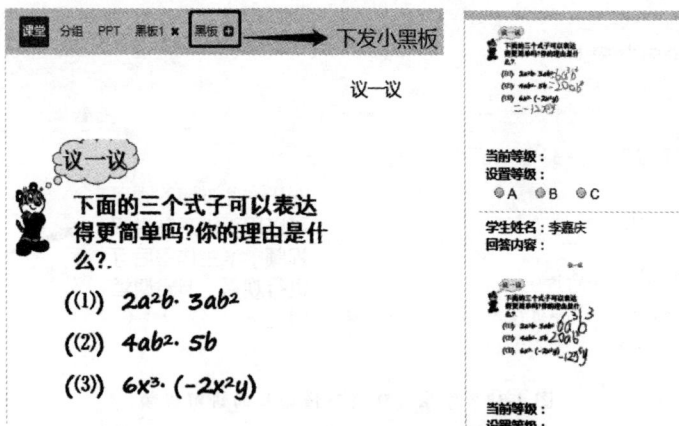

图 4-34　小黑板功能

任务 2：我是法官我来判。该环节也是利用小黑板功能下发图片，学生在上面进行判断，而后上传图片。

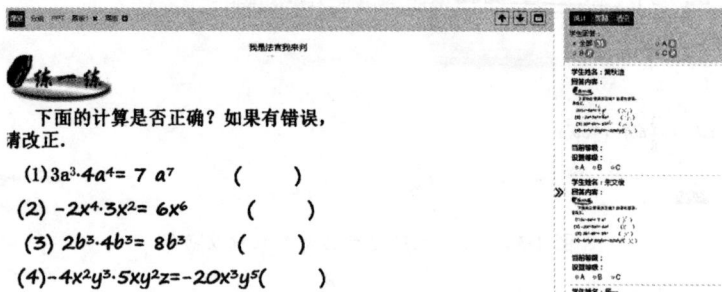

图 4-35　下发图片

我是法官我来判

下面计算对不对？如果不对，请改正？

(1) $2x \cdot 3x^4 = 5x^5 = 6x^5$　(✗)

(2) $3s \cdot (-2s^7) = -6s^7 = -6s^8$　(✗)

(3) $2 \cdot (-a^3) = -a^6 = -2a^3$　(✗)

(4) $-4x^2y^3 \cdot 5xy^2z = -20x^3y^5 = -20x^3y^5z$　(✗)

图 4-36　学生判断

　　任务 3：小试牛刀。学生看 PPT 上的题目然后在自己本子上完成练习，拍照上传。教师可以引导学生在上传完后查看其他学生的答案，找找是否存在错误的地方。传统课堂在练习环节，学生写完后，教师往往叫某个学生起来进行回答。在这个过程中，参与互动的人实际只有教师和起来回答的学生。而利用智慧课堂教学平台，学生可以看到其他学生的答案，互相找错，实现了整个班级的互动，从而快速发现学生在书写、答题时出现的问题，做到精准教学。

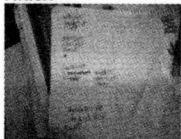
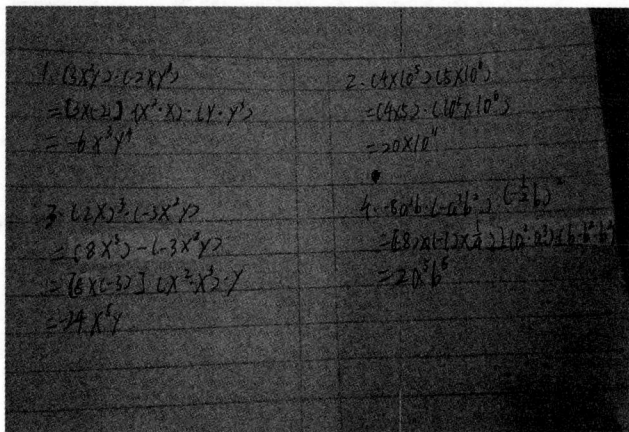

图 4-37　学生上传练习

　　任务 4：课堂反馈。该环节教师可以设置一些题目实现当堂反馈，检测学生经过几个环节的学习是否掌握这节课的知识点。

　　回顾整个课堂，我们可以发现相比于传统课堂，智慧课堂更强调任务驱动，强调先做后学、边做边学，学生始终在参与一个个任务，并且每个任务都是师生互动的过程，教师都是结合学生的答案在进行课堂讲解，体现了新课改强调动态生成、学生主动学习的理念。

示例二 苏教版小学数学四年级下册《三位数乘两位数》①

教学目标

1. 通过整理与复习,进一步理解和掌握三位数乘两位数的笔算方法,提高计算正确率;理解和掌握积的变化规律,能正确地口算以及用简便的方法笔算乘数末尾有0的乘法;能运用一些常见的数量关系解决实际问题。

2. 学生在复习与整理的过程中,进一步掌握乘法估算的方法,体会估算的价值;在交流、探索数学规律的过程中,发展推理归纳能力。

3. 学生在整理练习的过程中,养成独立思考、认真检查的习惯,学会自我反思。

教学重难点

1. 教学重点:通过整理与复习,进一步理解和掌握三位数乘两位数的算法,体会估算的价值,养成良好的计算习惯。

2. 教学难点:加强运用数量关系解决实际问题的能力。

教学过程

(一) 课前三分钟:口算练习

| 20×34 | 6×500 | 70×900 | 400×30 |
| 20×800 | 900×3 | 25×400 | 101×20 |

速算能力是小学生数学能力的重要组成部分。目前小学课堂大多用《口算册》等纸质作业进行练习,题量大、批改困难,往往由学生自行批改或者相互批改。利用智慧课堂教学平台生成口算作业后,学生在平台板作答,每个人的得分及错误情况一目了然,减轻了教师大量教学负担。并且在该环节,教师还可以针对个人错题选择1—2题让学生说说自己是怎样想的,培养学生的自我纠错能力。

---

① 本部分作者系南京市雨花台外国语小学杜婷婷,收录本书时略有改编。

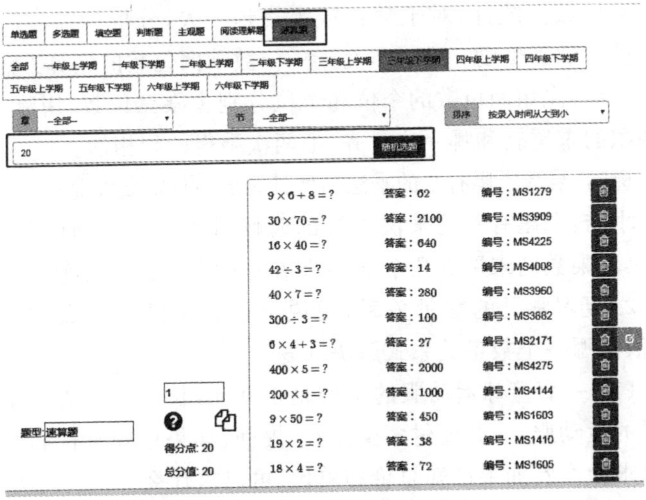

图 4-38　智慧教学平台的速算练习

（二）　知识点梳理

1. 谈话：今天这节课我们一起来复习第三单元，课前同学们对本单元的知识进行了梳理，小组同学交流一下本单元我们学习了哪些知识？

2. 1 人分享个人整理的知识点，其他同学进行补充。（根据学生的回答依次板书）

3. 板书课题，引导学生对本单元的知识分板块进行二次梳理，理清知识点之间的联系以及每个知识点所对应的目标。

传统课堂小组合作中往往缺少真正的合作，导致合作流于形式，没有真正的交流成果。利用智慧课堂教学平台，教师可以参考会议交流模式，让每个小组一个同学负责记录，一个同学负责发言，其余负责交流等，最后将成果提交到小组，展示汇报。

（三）　整理与练习

1. 列竖式计算下面各题，（完成后将答案进行上传）看谁算得又快又好。

　　　67×189　　　　260×14　　　　308×70　　　　80×450

平板数据统计,对于学生错题找到个人,分析错因,对于全对的进行学豆奖励。进一步交流三位数乘两位数的笔算方法。

小结:先用两位数的个位和十位分别去乘三位数,用哪一位去乘积的末尾就和哪一位对齐,把两次乘得的积相加。

提问:乘数末尾有0的乘法简便计算的时候需要注意什么呢?

小结:末尾有0的乘法笔算的时候可以把0前面的数先相乘,再看乘数的末尾有几个0,就要在积的末尾添上几个0。

2.复习常见的数量关系,说说下面各题已知什么,要求什么,依据哪一个数量关系式解决问题。

(1)一套篮球运动服的单价是130元,长兴小学买了40套这样的运动服,一共要付多少元?(提问:如果已知总价和数量,可以求什么? 如果已知总价和单价,可以求什么?)

(2)甲乙两地间的公路长595千米,一辆汽车从甲地开往乙地用了7个小时,它的平均速度是多少千米/小时?

(3)小雨步行的速度是65米/分,他从家到剧院要走975米,需要多少分钟?

提问:你觉得我们为什么要学习常见的数量关系呢?明确数量关系在解决实际问题的过程中具有重要的作用。

3.解决实际问题。

(1)林庄有一个长方形花圃,长120米,宽50米;一个正方形苗圃,边长80米。苗圃的面积比花圃大多少平方米?

(2)长阳动物园的门票价格规定如下:

购票人数	1—50人	51—100人	100人以上
票价	15元/人	13元/人	10元/人

西街小学四年级学生去长阳动物园春游,一班有48人,二班有49人,三班有52人。

A. 每个班分别购票,各需要多少元?

B. 三个班合起来购票,一共需要多少元?

学生先独立完成,并完成平板的填写,有错的找到错误之处,及时修改。交流反馈。

提问 1:解决第一题的关键是什么？关系式是什么？长方形的面积怎么算？正方形呢？

提问 2:每个班购买票的单价一样吗？怎么判断？一起买划算还是单独买划算？你有什么想说的？

(四)　拓展与提升

1. 选一选(在平板上作答)。

(1)
$$\begin{array}{r} 1\,2\,8 \\ \times\quad 1\,6 \\ \hline 7\,6\,8 \\ 1\,2\,8 \\ \hline 2\,0\,4\,8 \end{array} \quad \cdots\cdots(\quad)\times 128=(\quad)$$

A. 1 128　　　　　B. 10 128　　　　　C. 101 280

(2) 下面的算式中,(　　　)的得数不大于 5 000。

A. 251×22　　　　B. 249×21　　　　C. 249×18

(3) 自行车运动员每天要骑车训练 10 小时,行 300 千米。某位运动员连续训练 20 天,一共要行多少千米？正确的算式是(　　)

A. 10×300×20　　B. 20×10　　　　C. 10×300

平板反馈数据,找到错误比较多的题,说一说错在哪里。提问:第(2)小题有没有什么简单的方法,引导学生关注估算在计算中的价值。第(3)小题在列式的时候要注意什么？引导学生关注解决问题中无关条件的干扰,找到正确思路进行解答。对于全对的学生进行学豆奖励。

2. 先算出左边各题的积,再填写右表。

80×4＝?

80×40＝?

800×4＝?

800×40＝?

1600×40＝?

乘数	乘数	积
不变	×10	?
×10	不变	?
×10	×10	?
×20	×10	?

根据表格中填写的数据,你发现什么? 和你的同桌说一说。反馈交流。

小结:一个乘数不变,另一个乘数扩大几倍,积就扩大几倍,这是积的变化规律。一个乘数扩大 10 倍,另一个乘数也扩大 10 倍,积扩大的倍数就是 100 倍。也就是说一个乘数扩大几倍,另一个乘数也扩大几倍,积扩大的倍数就是两次扩大倍数的乘积。这是我们发现的另一个规律。

3. 拓展应用。

下面有两题分别可以获得 1 星和 2 星,选择一道自己独立完成。

（1）一种自来水管每米重 5 千克,每根长 6 米。运送这样的自来水管 150 根,用一辆载重 5 吨的货车一次可以运完吗?

（2）为了了解出租车的营运利润,李强同学对一辆出租车的营运情况做了一周的跟踪调查,结果如下:

星期	合计	日	一	二	三	四	五	六
利润/元	?	112	105	96	101	86	118	124

按这一周每天的利润算平均数计算,一辆出租车一个月（30 天）可以获得利润多少元?

（五）全课小结

同学们,本节课我们复习了哪些内容? 你有哪些新的收获? 如果对你这个单元的知识掌握情况进行评价,你觉得自己能获得几颗星? 还有哪些方面需要加强? 完成数学书 39 页的自我评价。

第五节 学科教学案例参考视频

可扫码观看下列学科教学案例参考视频。

1. 小学数学五年级下册《公因数和公倍数》

（主讲人：丹阳市新区实验小学聂海兰）

2. 小学数学四年级下册《运算律复习》

（主讲人：南京市雨花台区实验小学善水湾分校王媛）

3. 小学语文四年级下册《宋庆龄故居的樟树》

（主讲人：南京市雨花台区实验小学善水湾分校王晓化）

4. 小学语文二年级下册《中国美食》

（主讲人：丹阳市新区实验小学张燕芳）

5. 小学英语三年级下册 *Where's the bird*
（主讲人：南京市铁心桥小学朱娇娇）

6. 初中数学七年级下册《解一元一次方程》
（主讲人：镇江市外国语学校西津渡校区赵琦）

📖 思考与讨论

1. 结合学科教学，谈一谈智慧课堂和传统课堂的区别。

2. 结合智慧课堂教学平台设计一份教案，要求体现精准教学、任务驱动、高效互动、自主学习等特点。

第五章

平台操作

学正智慧课堂教学平台的操作

第一节　系统登录

建议使用 360 浏览器(采用极速模式),输入提供的网址,在登录界面中输入自己专用的账号和密码,点击登录按钮登录智慧教育教学系统(如图 5-1)。

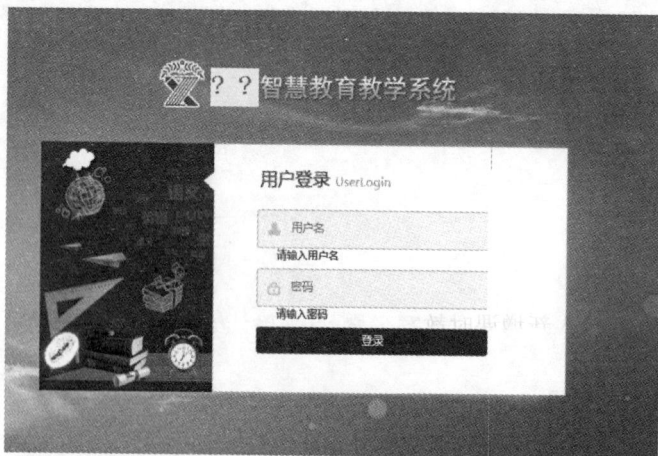

图 5-1　平台登录界面

第二节　课堂教学

一、编辑教案

(一) 打开课堂教学平台

登录智慧教育教学系统后,单击屏幕左侧中间的菜单打开键 ,选择"课堂教学"键 ⊙课堂教学 打开课堂教学栏,如图 5-2 所示:

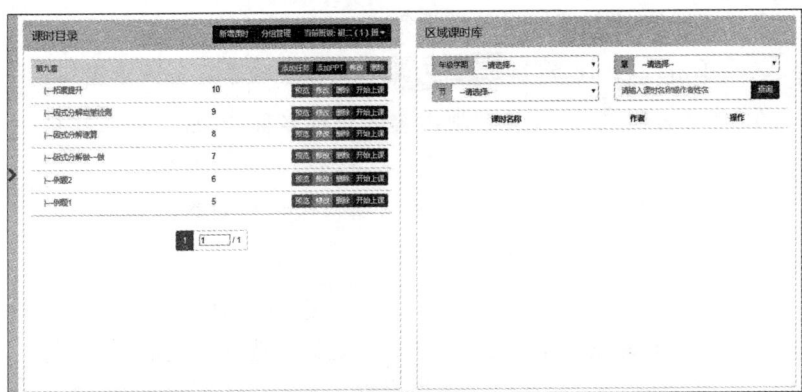

图 5-2 平台课堂教学栏界面

（二） 建立课时教案

选择"新增课时"键 新增课时 建立一节新课的教案，弹出新增课时的对话框（如图 5-3），在弹出的对话框中选择年级学期、章、节，并输入新增课时教案名称，点击确认键，从而生成新的课时教案。添加完成后，可以利用 添加任务 添加PPT 修改 删除 添加任务、修改、删除键进行编辑。

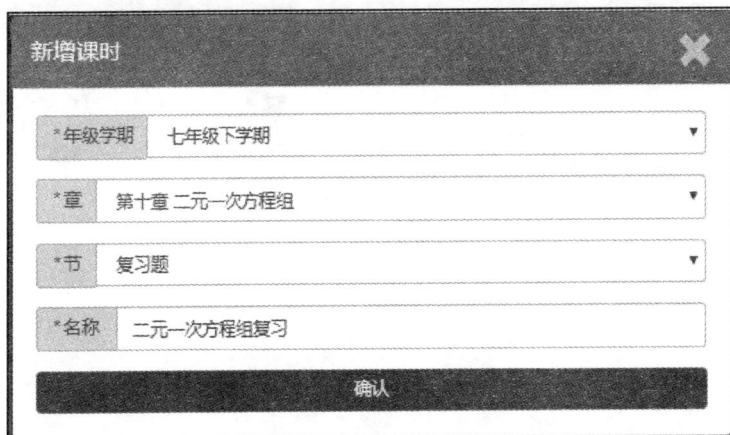

图 5-3 新增课时对话框

（三） 添加并编辑教学任务

单击"添加任务"键 添加任务 ，弹出添加教学任务内容窗口，在"任务名称"栏中输入教学内容的合理名称（非常重要），在排序中输入课堂教学的合理排序（这将影响后面课堂教学时的教学内容播放顺序）。在下面的编辑窗口中可以对教学内容中涉及的文字、图像、GIF 动画进行插入和编辑。

选择右侧的"微课列表"键 微课列表 ，可以将平台中的微课视频插入到课堂教学任务中，供学生观看。选择右侧的"作业列表"键 作业列表 ，可以将需要让学生在课堂上做的作业插入到课堂教学任务中，供学生在课堂上完成。

编辑完成后，单击"确定"键 确定 ，保存编辑的内容并返回。如果不需要保存，直接单击"返回"键 返回 。

返回后，可以通过"预览""修改"和"删除"键 预览 修改 删除 对教学任务内容进行预览、修改和删除操作。

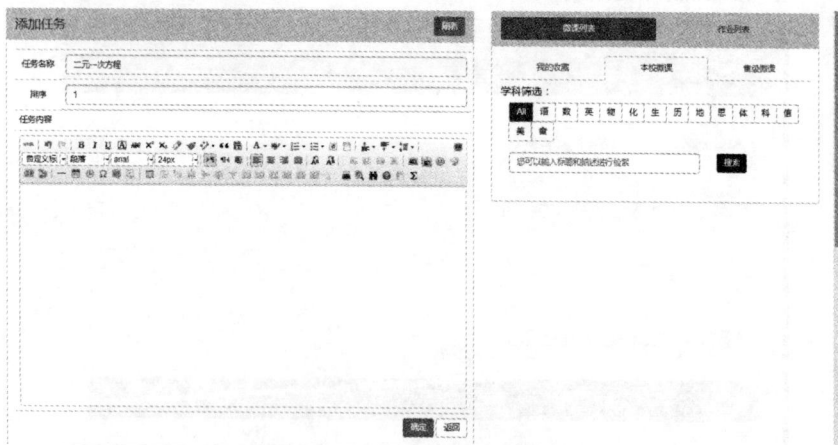

图 5-4 添加与编辑教学任务界面

（四）　教学任务中插入 Word 文档

用 office 或 wps 打开需要导入的 word 文档，选择并复制需要导入的内容，回到添加并编辑教学任务（参考编辑教案中的第三部分），在教学任务内容编辑窗口中按 Ctrl＋V 键将复制的内容粘贴进去。这时，文中所有的图像显示为 形式，单击编辑工具栏中的"图片转存"键 （如图 5-5），弹出"图片转存"对话框，单击"复制地址"键 复制图片地址，单击"添加照片"键 ，在弹出窗口最上面的地址栏中将刚才复制的图片地址粘贴进去，并按回车键。这时，你可以在下方的窗口中看到所有文本中的图像文件，选中所有的图像文件，单击"打开"键 （如图 5-6），再单击"开始上传"键 ，上传结束后单击"确认"键 ，word 中所有的图像就正常显示了。

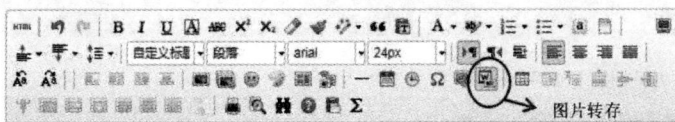

图 5-5　任务编辑工具图片转存键

图 5-6　图片打开对话框

二、导入 PPT 文档

单击课时教案右侧的"添加 PPT"键 添加PPT ,弹出添加 PPT
对话框(如图 5-7)。单击"选择文件"键 选择文件 ,在弹出的窗口中
选择这一节课需要播放的 PPT 文件,单击"确认上传"键
确认上传 ,出现上传进度条,上传完成后可以看到相应 PPT 文稿
的预览。如果不正确,或者需要重新上传新的 PPT 文件,只需
要选择文件重新上传或者直接删除已经上传的 PPT 文件。上
传完成后单击"关闭"键 ,关闭 PPT 文件上传对话框。

注意:如果文件中插入视频和声音,一定要将 PPT 文件先
保存为 PPTX 格式文件,然后再用嵌入的方式插入视频和声音。

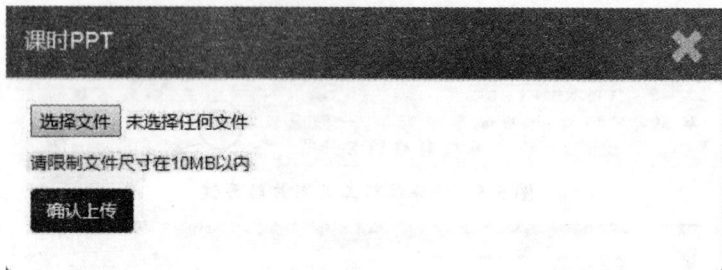

图 5-7 添加 PPT 对话框

三、导入教案

根据各区域内的资源分享约定,区域内的资源进行有限范
围内的分享,教师可以将区域内其他老师的课时教案导入进行
编辑修改。

(一) 查询教案

在右侧的区域课时库中,选择年级学期、章、节,单击"查询"

键,这一课区域内分享的老师的课时教案就都可以看到。也可以直接输入课时名称或老师姓名,单击"查询"键,直接查询课时教案或指定老师的教案。

（二） 预览教案

单击老师姓名后面的"＋"键 ，可以看到课时教案中的具体教学任务,单击任务后面的"预览"键 ，可以看到每个任务的具体教学内容。

（三） 导入教案

单击老师姓名后面的"导入"键 ，将老师的课时教案导入自己的课时目录中,在左侧的课时目录中你可以看到刚才导入的课时教案,你可以利用"预览""修改"和"删除"键 进行编辑。

图 5-8 区域课时库界面

四、课堂教学(推荐教师使用平板进行移动课堂教学)

(一) 选择班级

开始上课前,教师必须要确认自己将上课的班级。单击"当前班级"键 当前班级 ,选择将上课的班级(如图 5-9)。

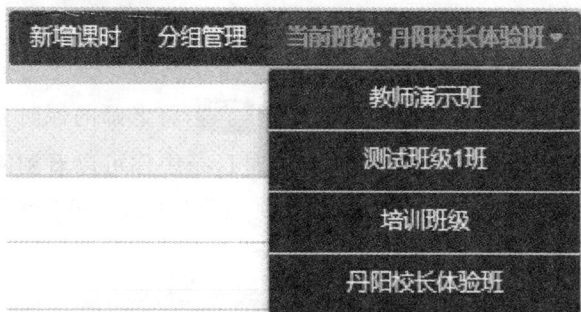

图 5-9 选择上课班级对话框

(二) 确定教学任务顺序

通过"修改"键 修改 ,设置"排序"值来设置教学任务的前后排序(如图 5-10)。

图 5-10 设置教学任务的排序图

(三) 开始教学

单击课堂第一个教学任务左侧"开始上课"键 开始上课 ,进入课堂教学界面。通过单击"下个任务"键 ⬇ 切换到下一个教

学内容,单击"上个任务"键 切换到前一个教学内容。单击

"关闭"键 退出课堂教学。

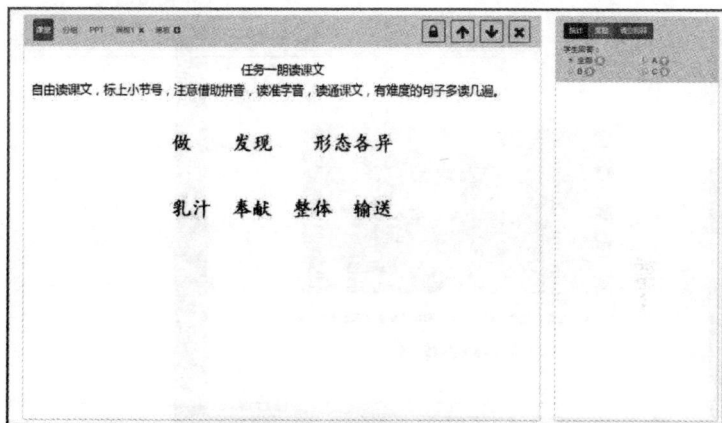

图 5-11　课堂教学界面

（四）　锁定学正宝（学生平板）

单击"锁定"键 ,可以锁定学正宝界面,锁定后学正宝
界面将和老师的教学任务同步,学生只能围绕当前教学内容进
行同步学习,不能点击其他内容。单击"解锁"键 ,可以解
除锁定。建议教师上课时,进入课堂教学后第一步锁定学正宝。
如果教师下课后不单击"解锁"键解除锁定,系统将在 40 分钟后
自动解锁。

（五）　用 PPT 进行教学

导入 PPT 文档后,单击"PPT"栏 ,系统会自动从云
端调入前面导入的 PPT 文档(注:根据 PPT 文件的大小和网
速快慢,从云端调入 PPT 文档需要花费一定时间),并在

PPT 播放区域中自动播放 PPT 文档（如图 5-12）。教师可以在 PPT 画面上单击进行播放，也可以单击下面的"左、右"键 ◀ 第1张幻灯片，共24张 ▶ 进行播放。

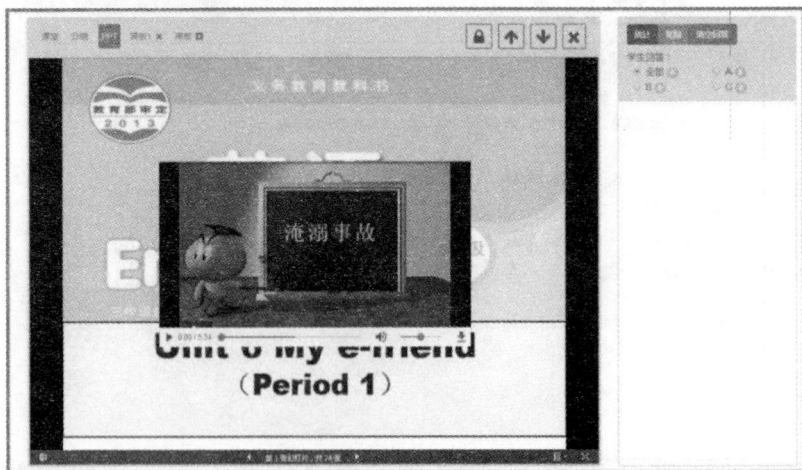

图 5-12　播放 PPT 界面

（六）　查看学生在纸上完成的作业

学生在纸上完成作业后，在学正宝（学生平板）上单击拍照上传，教师在右侧可以查看学生的作业上传情况。单击"统计"键 统计 ，可以实时更新显示学生拍照上传的回答情况。将鼠标移动到回答的图片缩略图上，图片就会动态放大显示，单击缩略图就放大显示学生上传作业（如图 5-13），教师可以选择"A、B、C"按钮 ●A　●B　●C 对学生作业进行标志（注：A、B、C 可以用来表示作业完成的好与差，也可以用来表示不同的回答类型或解题方法，教师可以灵活运用）。单击"奖励"键 奖励 可以对优秀的学生进行奖励。单击"清空回答"键 清空回答 可以清空学生拍照上传的回答记录，让学生重新通过拍照上传回答。

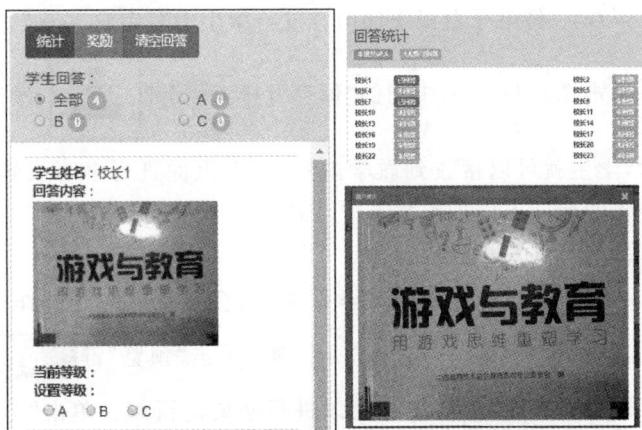

图 5-13 统计和查看学生拍照上传作业图

（七） 板书（建议教师用平板使用此功能）

单击"增加黑板"栏 黑板 ➕ ，系统将增加一块电子白板，并自动把正在讲的教学内容复制到黑板上，教师可以利用电子白板提供的功能键在中间的书写区域进行写字和画画。

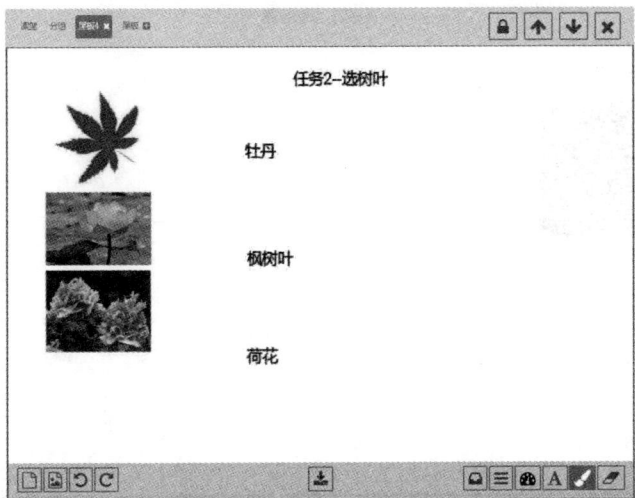

图 5-14 增加黑板后生成的电子白板图

（八）　将电子白板上的内容发给学生书写完成

单击图 5-14 下面中间的"保存发送学生"键 ⬇，发送完成后，学生就可以接收到教学内容，并在上面进行书写或画画，完成作业后就可以拍照并上传给老师。

（九）　课堂测试

将课堂测试作业插入教学任务后，会显示一个测试作业二维码，下面有"预览"和"分析"两个键。单击"预览"键 预览，就可以查看作业内容，教师可以进行必要的讲解。单击"分析"键 分析，就可以查看学生完成的作业分析情况。在学生平板（学正宝）上只有一个作业二维码，学生点击就可以完成课堂测试。

图 5-15　当堂检测界面图

（十）　课堂测试分析

只有当学生上传作业后，才可以看到相应的分析。

单击作业二维码下的"分析"键 　分析　 ，弹出作业分析窗口（如图 5-16）。上面是作业的整体分析。单击"停止答题"键 停止答题 ，可以强行将学生作业收上来停止学生答题。单击"奖励"键 奖励 ，可以对回答优秀的学生进行奖励。选择"总览"栏 总览 ，可以看到每个学生的作业完成情况。单击某个学生的名字，可以查看该学生的作业完成情况。选择"统计"栏 统计 ，可以实时查看学生作业提交情况（如图 5-17），系统将及时更新显示哪些学生完成作业。选择具体的题型栏，如"单选题"栏 单选题 ，系统将弹出窗口呈现单选题的完成分析，单击"放大"键 放大 ，可以放大显示题目和答题情况，单击"显示/隐藏"键 显示/隐藏 ，可以显示和隐藏回答错误学生的名单。

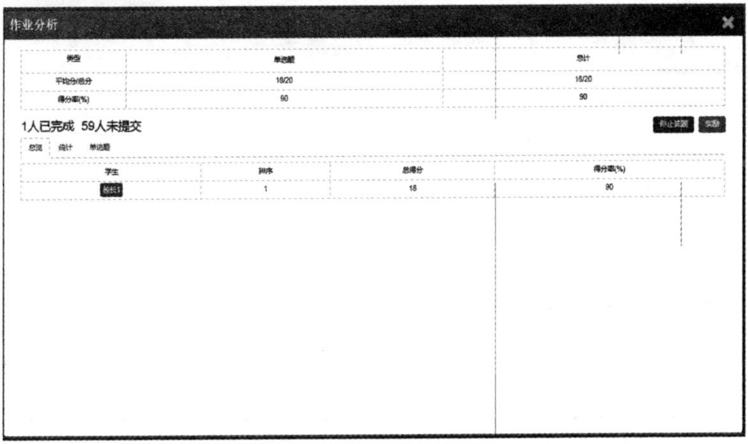

图 5-16　课堂测试分析图

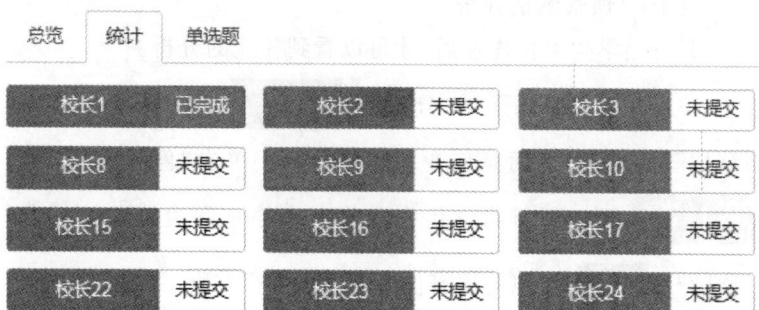

图 5-17 学生作业提交情况统计图

（十一） 分组学习

单击左上角的"分组"栏 分组 ，可以进行小组探究学习（如

图 5-18）。每次的分组信息系统会自动带过来，教师可以根据需

要调整分组数目、分组名单。教师也可以设置相关参数，系统再

进行智能分组。

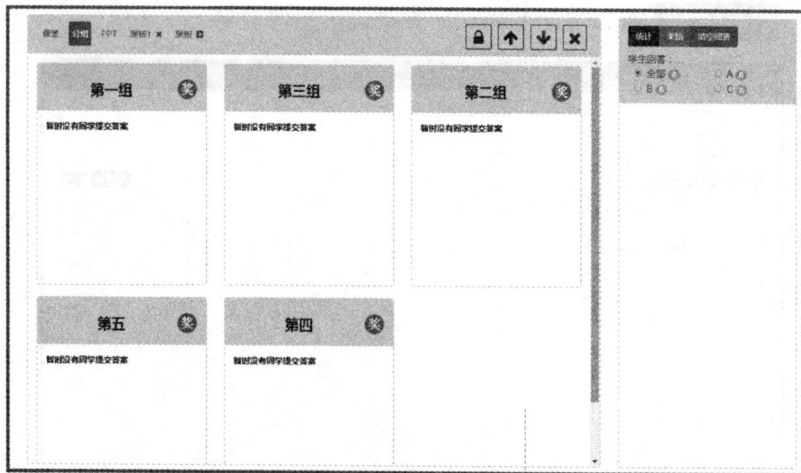

图 5-18 课堂分组界面图

第三节　课前课后

一、打开课前课后平台

登录智慧教育教学系统后,单击屏幕左侧中间的菜单打开

键 **＞** ,选择"课前课后"键 课前课后 ,打开课前课后教

学栏。

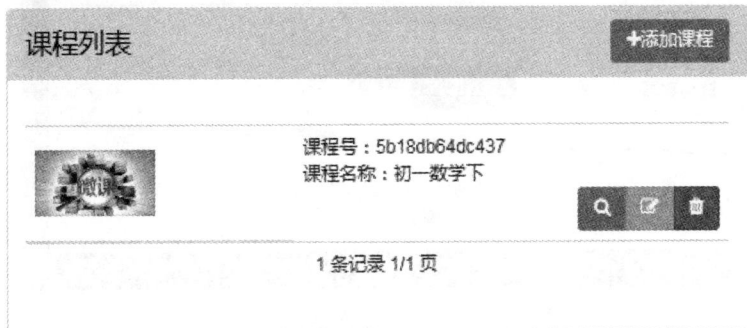

图 5-19　课程列表图

二、建立本学期所教课程

单击图 5-19 中的"添加课程"键 ＋添加课程 ,出现添加课程对
话框(如图 5-20),选择使用年级、学科名称,并在"课程名称"中
输入所教课程名称(注:建议采用系统自动生成的课程名
称)。可以单击"选择图片"键 选择图片 ,给所教的课程选择一幅
个性化的图像。单击"添加"键 添加 完成本学期所教课程的添

加,在课程列表栏 课程列表 中便可以看到刚才添加的课程。

可以单击"查看""修改"和"删除"键 对课程进行
编辑。

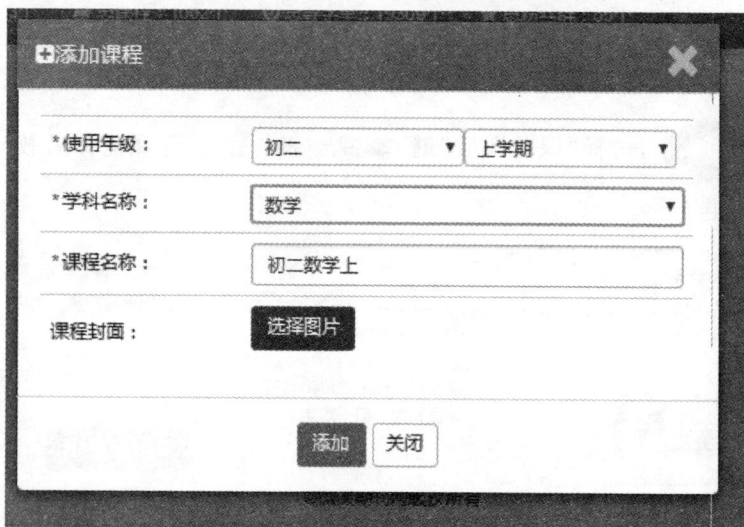

图 5-20 添加课程对话框

三、选择使用学生

单击课程名称后的"查看"键 ,进入课前课后的课程管
理。单击"学生管理"键 ,在弹出的对话框中选择可
以使用课前课后导学单的学生(如图 5-21)。直接勾选班级前的
选项可以将整个班级选上。单击"+"键 ,可以选择任意一
个学生。

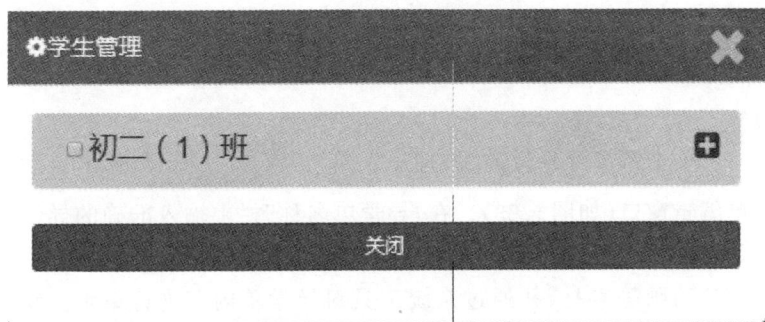

图 5-21　学生管理对话框

四、添加章目录

单击"添加章节"键 **＋添加章节** ，在弹出的对话框中输入"章节名称"和"章节描述"，结束后单击"添加"键完成章节目录的添加，如图 5-22。单击"添加导学单""修改"和"删除"键 **＋添加导学单** **☑ 修改** **🗑 删除** ，可以对章节目录进行编辑。

图 5-22　添加章节对话框

五、添加课前课后学习的导学单

单击章节目录后的"添加导学单"键 ➕添加导学单 ，弹出导学单编辑窗口（如图 5-23）。在"导学单名称"栏中输入准确的导学单名称。在下面的导学单内容编辑窗口中可以插入文字、图像、GIF 动画等素材，并通过系统工具对导学单内容进行编辑。编辑完成后，单击"确定"键 确定 ，保存导学单编辑内容并返回上级目录。单击"返回"键 返回 ，不保存导学单编辑内容直接返回上级目录。

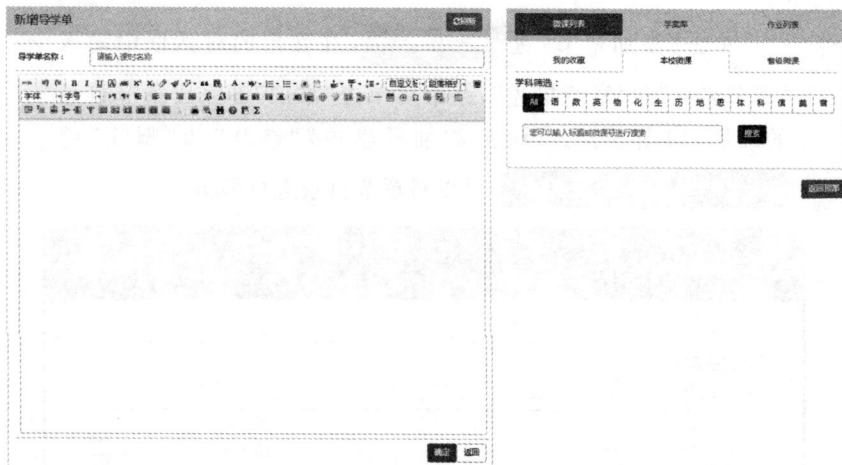

图 5-23 导学单编辑窗口

六、在导学单中插入微课视频

在"添加导学单"的基础上，单击"微课列表"键 微课列表 ，可以选择"我的收藏""本校微课"和"省级微课"，将其中有的微课插入到导学单中。选择相关学科,输入微课名称或微课号,单击"搜索"键 搜索 ,搜索自己想要找的微课。在找出的微课名上单击,可以预览微课视频。单击"插入"键 插入 ,插入微课视频二维码,学生只需单击二维码就可以观看教师下发的微课。单击"收藏"键 收藏 ,可以将一些好的微课收藏到自己的收藏夹中,方便自己使用。

微课列表		学案库		作业列表

我的收藏	本校微课	省级微课

学科筛选:

All	语	数	英	物	化	生	历	地	思	体	科	信	美	音

您可以输入标题或微课号进行搜索　　　　搜索

WK6312	做矩形——折三角形中位线的应用	张洁	插入 收藏
WK6236	"全等"家族的寻亲之旅	周娟	插入 收藏
WK6069	1.3 探索全等三角形的条件(1)	尉迟国义	插入 收藏
WK6068	5.2 图形的运动	尉迟国义	插入 收藏
WK5821	"水车翼轮法"中的奥秘——合情推理与演绎推理相辅相成	王涛	插入 收藏
WK5669	数格点 算面积	王涛	插入 收藏
WK5668	从特殊情形入手——多边形外角和的直观体验	王涛	插入 收藏
WK5663	主视图、左视图、俯视图	罗伟	插入 收藏
WK5658	主视图、左视图、俯视图	罗伟	插入 收藏

图 5-24　微课列表栏

七、在导学单中插入学案(其他教师共享的导学单)

在"添加导学单"的基础上,单击"学案库"栏 学案库 ,可以插入共享的本校学案和区市学案。单击"导入"键 导入 后,就可以将共享的导学单内容插入自己正在编辑的导学单中,也就可以在此基础上进一步编辑。

八、在导学单中插入作业

在"添加导学单"的基础上,单击"作业列表"栏 作业列表 ,可以将自己编辑的"作业"、"个人错题"、"听写"(语文、英语学科)、"跟读"(语文、英语学科)的作业插入到正在编辑的导学单中(如图 5-25)。单击"预览"键 预览 ,可以预览作业内容。单击"插入"键 插入 ,可以将相关作业二维码插入到导学单中。

图 5-25　作业列表栏

九、将导学单下发给学生

在"添加导学单"的基础上,生成导学单(如图5-26)。单击导学单名称后的"上传"键 上传 ,可以将导学单在全区内共享。单击"修改"键 修改 ,可以修改编辑导学单。单击"删除"键 删除 ,可以删除导学单。单击"下发"键 下发 ,可以将导学单下发给学生,学生在学正宝上就可以看到老师下发的导学单,打开导学单就可以进行学习了。单击"导出pdf"键 导出pdf ,就可以将导学单以PDF文档的形式导出,供老师打印使用。

图5-26　生成的导学单界面

第四节　作业管理

一、打开布置作业界面

登录智慧教育教学系统后,单击屏幕左侧中间的菜单打开键 ，选择"作业管理"键 作业管理 ,打开作业管理栏,选择"布置作业"键 布置作业 ,出现布置作业界面(如图5-27)。

图 5-27　布置作业界面

二、新建作业

单击"新建作业"键 新建作业➕，弹出新建作业对话框（如图 5-28）。在弹出的对话框中选择年级、章、节，系统会自动建立新建作业的名称，教师可以根据需要修改作业的名称（注：为了以后使用方便，建议保留节的名称，可以添加任何使用的说明，如课前测试、课堂检测、某某知识点测试等）。输入完成后，单击"确认"键 确认 。

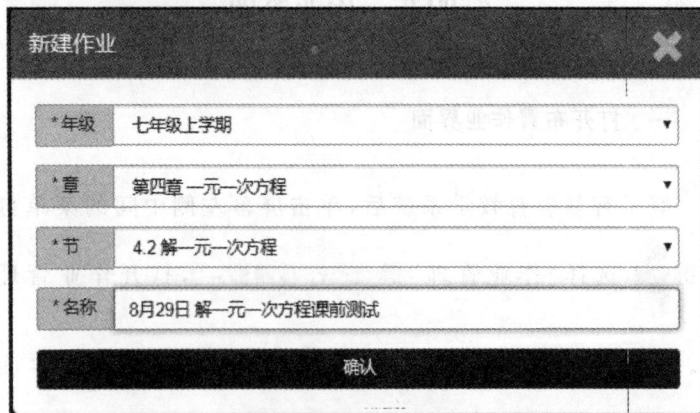

图 5-28　新建作业对话框

三、将试题导入新建作业

在"新建作业"的基础上，可以看到如图 5-29 所示的新建作业界面。

图 5-29　新建作业界面

我的试题：所有你自己输入的试题都在"我的试题"里面。

本校题库：通过题库共建共享，将所有可以分享的题库资源分享到"本校题库"，教师可以选择"本校题库"，在其中选择试题布置给学生使用。

按题号搜索：系统题库里的每个题目都有题号，如果教师有系统里的题号，可以直接输入题号查找需要的试题布置给学生使用。

从题册选题：平台正在和出版商合作，将常用的题册试题都输入进去，教师只需要选择相应的题册，就可以将试题布置给学生使用。

新出试题：如果有些新的试题系统题库中没有，教师可以选择"新出试题"将新的试题输入进去进行使用。

再通过选择试题类型、年级学期、章、节，选择排序方式，单击"搜索"，相关的试题都会显示出来。找到需要的试题，在后面单击"导入作业"键 【导入作业】,系统将该试题导入到你新建的作业中。

四、在新建作业的基础上添加新出试题

在"新建作业"的基础上,单击"新出试题"栏 【新出试题】,打开新出试题栏(如图 5-30)。选择合适的题型,选择年级学期、章、节,就可以录入试题了。

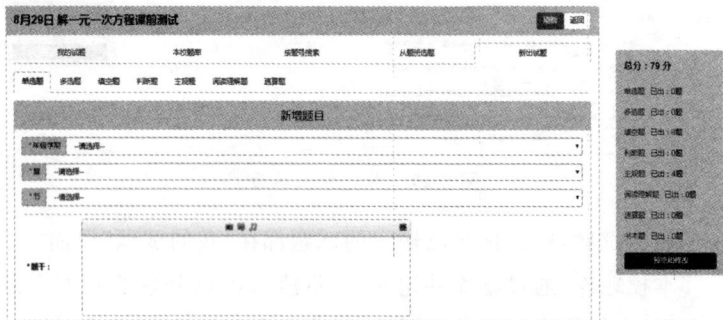

图 5-30 新出试题栏

通过"新增""删除"和"保存"键 【新增 删除 保存】,录入试题和编辑试题,通过 【1 2 3 0 /3】 来查看和编辑录入的试题。

保存:单击"保存"键,系统将录入的试题保存,并将转换到新试题的录入状态。

删除:单击"删除"键,可以将正在显示的试题删除。

数字:单击"数字"键,可以查看刚录入的试题,并可以对录入的试题进行编辑,编辑完成后单击"保存"键完成对相关试题的编辑。

新增:点击数字键查看时,可以单击"新增"键,增加一个新

的试题。

试题录入完成后，单击"完成录入"键 完成录入 ，系统便将刚才录入的试题保存到"新建作业"中，教师便可以在新建作业中通过"预览和修改"对作业进行编辑和修改。

五、预览和修改新建作业

在"将试题导入新建作业"和"在新建作业的基础上添加新出试题"的基础上，单击"预览和修改"键 预览和修改 ，可以对刚才添加的试题进行编辑（如图5-31）。

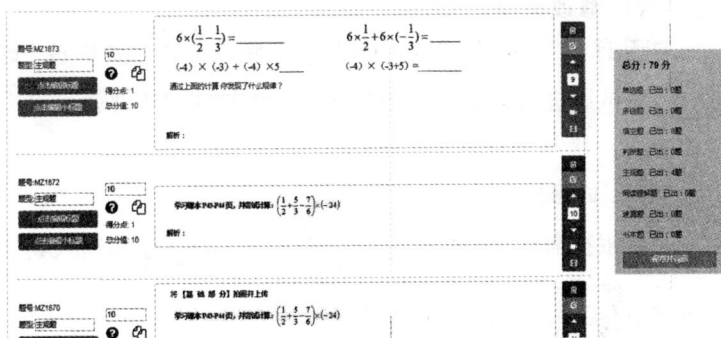

图 5-31　预览和修改新建作业界面

（一）　修改题型名称

在"题型" 题型 主观题 后面的输入框中，输入合适的题型，如"计算题""问答题""看图说话"等。

（二）　编辑标题

单击"点击编辑标题"键 点击编辑标题 ，可以对试题的标题进行编辑。每种类型的第1题需要通过"点击编辑标题"键进行编辑，如"一、选择题""二、填空题""五、计算题""七、作文"等，第2、3……题不需要再输入标题，系统将默认前面的类型。

（三）编辑小标题（题号）

单击"点击编辑小标题"键 点击编辑小标题 ，可以设置每题的题号，如 1、2、3……

（四）编辑分值

在分值输入框 10 中，输入相应的分值，可以通过"复制"键 将前一题的分值复制过来。通过分值的设置，系统将自动计算作业的总分。

（五）删除试题

在试题后面单击"删除"键 ，将所选试题从作业中删除。

（六）修改试题

对于自己录入的试题，可以进行修改。单击"修改"键 ，对试题进行修改。修改完成后，单击"提交"键就可以完成修改。

（七）试题排序

可以根据需要，通过"上"键 、"下"键 和输入具体的数字值 9 ，对试题进行重新排序。

（八）插入讲解视频

对于需要让学生看的参考视频，可以先将相关视频通过平台传送到后台，再选择做题前看的视频 、做题后看的视频 ，将相关视频插入到试题中，学生就可以在学正宝上观看视频。

（九）保存作业编辑

完成编辑后，单击右侧的"保存并返回"键 保存并返回 ，保存作业编辑。

六、导入试卷

选择需要导入试卷的 word 文档并打开,选择 word 文档中的图片,右键点击图片,把文字环绕模式改为嵌入式,重新排版,排好后将 word 文档保存为 docx 格式的文件。(注:阅读理解类型的题目需要单独导入,听力题可以作为阅读理解类型的题目导入,导入后单击键　🎵　将声音文件同步导入。)

在"新建作业"的基础上,单击"新出试题"栏　新出试题　,打开新出试题栏(如图 5-32)。选择年级学期、章、节。

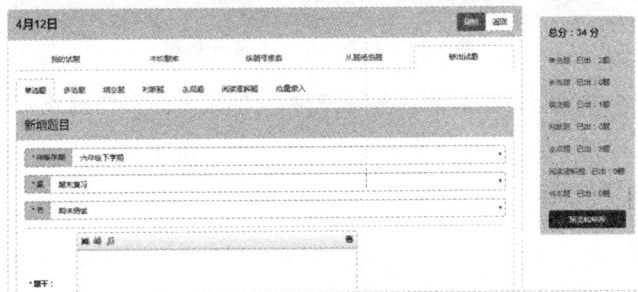

图 5-32　新出试题栏

选择"批量录入"栏　批量录入　,打开批量录入栏(如图 5-33)。

图 5-33　批量录入栏

单击"读取 word 文档"键 【读取word文档】 ,打开读取 word 文档对话框(如图 5-34)。

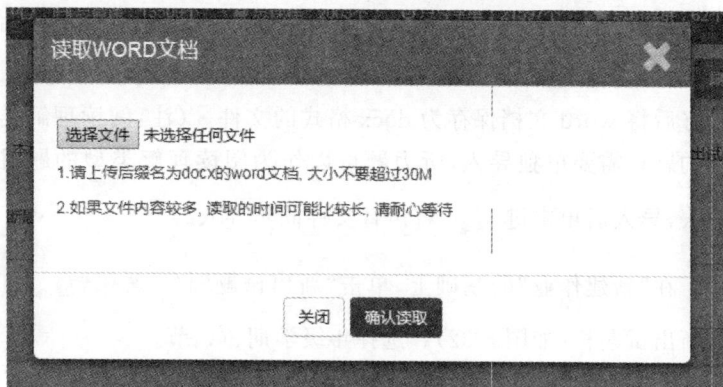

图 5-34 读取 word 文档对话框

单击"选择文件"键 【选择文件】 ,在弹出的对话框中选择需要导入的 docx 格式的试卷文档文件,单击"确认读取"键 【确认读取】 。(注:1.请上传后缀名为 docx 的 word 文档,大小不要超过 30M。2.如果文件内容较多,读取的时间可能比较长,请耐心等待。)

选择相关的题型 【单 多 填 判 主 解】 ,其中:

单:表示单选题。

多:表示多选题。

填:表示填空题。

判:表示判断题。

主:表示主观题。

解:表示选择题目的解析部分。

选中相应的题型,如单击"单选题"键【单】,在试卷中每个单选题最后单击一下,试卷中会出现一条和单选题按键字的颜色一样的线（如图 5-35 所示）。

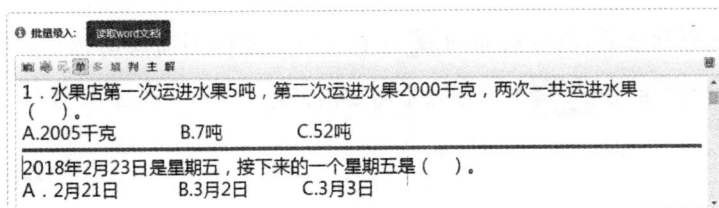

图 5-35 设置试题题型界面

将试卷中所有试题标注完成后，单击下面的"确认录入"键

确认录入 ，系统将对填空题进行自动识别，能将试卷中的

空和答案自动识别出来，如果识别的不正确需在"是否采用"栏

中单击"否"。确认完毕后，单击"确认完毕"键 确认完毕 ，如

图 5-36。

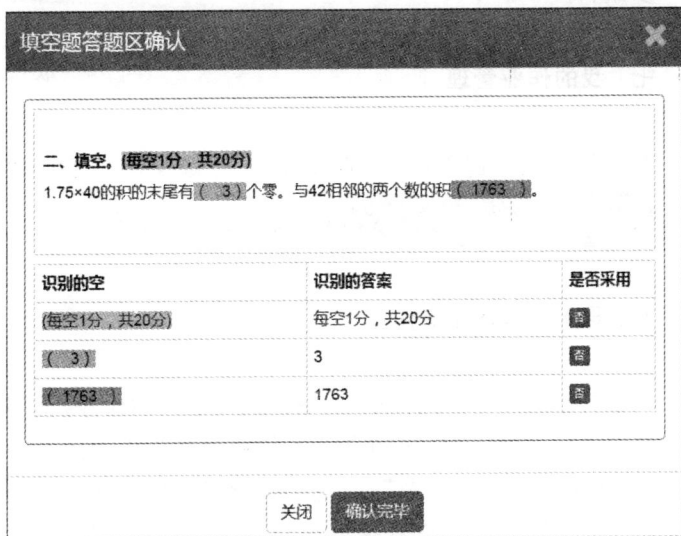

图 5-36 填空题确认界面

确认完毕后可以查看刚才导入的试卷（如图 5-37），对相关

题型进行进一步确认，通过修改键 对需要修改的内容进行编

辑,通过"－、＋"键 对选项进行增加和删减,对选择题要确定正确选项,填空后面的 键表示可以删除不需要的选项,通过"删除"键 可以删除不需要的试题。

图 5-37　试题编辑界面

检查完成后,单击"确认录入完成"键 ,完成试卷导入。可以单击"预览和修改"键 ,对试卷进行进一步编辑。

七、我的作业管理

在"我的作业"栏中,可以通过"进入""修改""预览"和"删除"键 ,对"我的作业"进行管理。

八、导入区域作业库作业

对于同意共建共享的区域,区域内教师建立的作业,其他教师都可以看到,并可以导入到自己的作业中供学生使用。通过选择"年级学期""章"和"节"点击搜索,所有区域内这一节的作业都将搜索出来。也可以直接输入作业名称或者教师姓名,将相关作业搜索出来。通过"导入"或"预览"键 ,导入或预览相关作业。

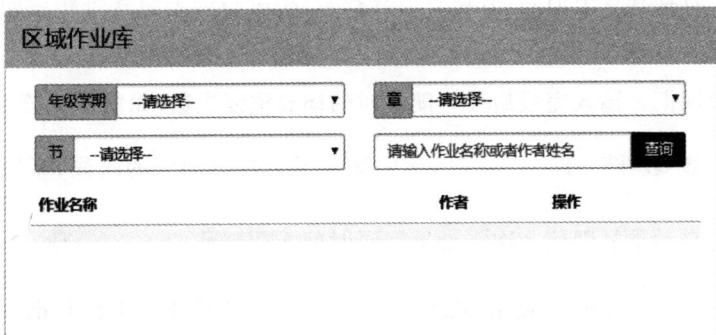

图 5-38　区域作业库界面

九、布置听写作业（语文、英语）

登录智慧教育教学系统后，单击屏幕左侧中间的菜单打开键 ，选择"作业管理"键 作业管理 ，打开作业管理栏，选择"布置听写"键 布置听写 ，打开布置听写界面（如图 5-39）。

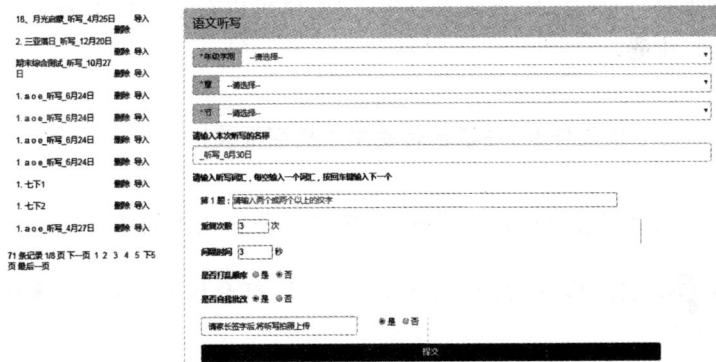

图 5-39　作业管理栏

选择"年级学期""章"和"节"，输入听写的名称（注：建议按照日期和章节命名,方便日后查找)。将听写词汇输入每题后的输入框 第1题:请输入两个或两个以上的汉字 ,输入后按回车键输入下一个词汇。输入完成后设置朗读时的播放重复次数,如重复次数 3 次 **重复次数** 3 次,学生拿学正宝默写词汇的时候,系统将自动重复朗读 3 次。设置间隔时间 **间隔时间** 3 秒、是否打乱顺序播放 **是否打乱顺序** ◉是 ◯否、是否要求学生自我批改 **是否自我批改** ◉是 ◯否 等。设置完成后,单击"提交"键 提交 完成词汇输入。在左边将出现一份刚才输入的词汇听写名称的文件,将鼠标移动到词汇听写名称上就可以预览词汇。单击"删除"键 删除,可以将词汇听写文件删除;单击"导入"键 导入,可以将词汇听写文件导入到右边的编辑栏,重新编辑听写词汇。

使用时,只需要像作业一样,在编辑课堂教学或课前课后导学单时将听写二维码插入其中,学生就可以在学正宝上看到听写二维码。

十、批改作业(建议教师使用手机端批改)

登录智慧教育教学系统后,单击屏幕左侧中间的菜单打开键 ❯,选择"作业管理"键 作业管理▾,打开作业管理栏,选择"批改作业"键 ☑批改作业,打开批改作业界面,选择需要批改的作业(如图 5-40)。

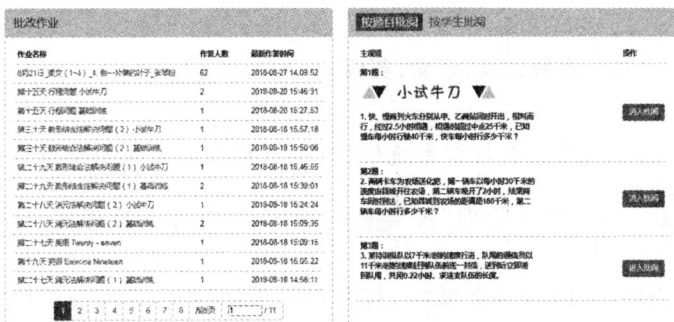

图 5-40 批改作业界面

可以选择"按题目批阅" 按题目批阅 或"按学生批阅"
按学生批阅 的方式批改作业。点击"进入批阅" 进入批阅 ，就
可以批改作业了。

十一、分析作业

登录智慧教育教学系统后，单击屏幕左侧中间的菜单打开
键 ＞ ，选择"作业管理"键 作业管理▾ ，打开作业管理栏，选择
"分析作业"键 分析作业 ，打开分析作业界面（如图 5-41）。

图 5-41 分析作业界面

选择作业类型、班级后，单击"查询成绩"键 查询成绩 ，就
可以看到作业分析了。

十二、查看跟读(语文、英语)

登录智慧教育教学系统后,单击屏幕左侧中间的菜单打开键 ,选择"作业管理"键 作业管理▾ ,打开作业管理栏,选择"查看跟读"键 查看跟读 ,打开查看跟读界面,选择查看跟读的班级,选择跟读课文的标题(如图 5-42)。

图 5-42　查看跟读界面

可以通过"已读学生" 已读学生 查看每个学生的朗读情况,也可以通过"总体查看" 总体查看 查看每句话的总体朗读情况。

第五节　错题管理

一、个人错题

(一) 打开个人错题界面

登录智慧教育教学系统后,单击屏幕左侧中间的菜单打开键 ,选择"错题管理"键 错题管理▾ ,打开作业管理栏,选择"个人错题"键 ，出现新建个性化错题作业界面（如图5-43）。

图 5-43　个人错题界面

（二）　生成个人错题

选择班级、选择开始时间和结束时间，单击"搜索"键 ，可以将这段时间所有需要订正的试卷显示出来。在需要订正的试卷前面的方框打钩 ，在"作业名称" 输入框中输入合适的作业名称，单击"生成个性化错题作业"键 ，系统将自动为每个人生成各自的错题作业。在右侧的"个性化错题作业列表" 中便可以看到生成的错题作业列表。

（三）　下发个人错题

在"生成个人错题"的基础上，单击右侧的"个性化错题作业列表"中具体要下发给学生的错题，单击错题名称后面的"下发"键 ，在弹出的对话框中选择需要下发到的课程章节目录，个人错题将自动下发到"课前课后"相应章节中。教师可以在"课前课后"相应章节中查到刚才下发的个人错题，学生可以打开学正宝，在相应章节下找到教师下发的个人错题并进行订正。

教师也可以像插入作业一样在课堂教学内容中或课前课后

导学单中插入个人错题二维码,参考前述的"在导学单中插入作业"部分相关内容。

(四) 查看个人错题订正完成情况

在"生成个人错题"的基础上,单击右侧的"个性化错题作业列表"中具体要查看的学生订正错题名称后面的"查看"键 查看 ,系统会呈现每个学生错题订正的完成情况。

(五) 删除个人错题

在"生成个人错题"的基础上,单击右侧的"个性化错题作业列表"中具体要删除的错题名称后面的"删除"键 删除 ,系统会将相应的错题删除。

二、班级错题

(一) 打开班级错题界面

登录智慧教育教学系统后,单击屏幕左侧中间的菜单打开键 ❯ ,选择"错题管理"键 错题管理~ ,打开作业管理栏,选择"班级错题"键 班级错题 ,出现班级错题作业界面(如图 5-44)。

图 5-44 班级错题作业界面

（二）　生成班级错题

选择班级、开始时间、结束时间，单击"搜索"键 🔍 ，系统会将这段时间所有做过的练习全部显示出来。勾选需要的练习。

通过设置"正确率小于多少"或者"答错人数大于多少人"的条件，筛选需要全班学生重新做的题目，在作业名称中输入合适的名称，单击"生成班级错题作业"键 生成班级错题作业 生成班级错题。在右侧就可以看到刚才生成的班级错题。

（三）　下发班级错题

具体操作可参见前述"下发个人错题"部分相关内容。

第六节　教师手机端

一、关注"学正智慧教育"公众号

在微信中选择"添加朋友"，选择"公众号"，搜索"学正智慧教育"公众号，关注"学正智慧教育"（如图5-45）。（注：用手机端进行作业批改，对手机相应速度有要求。）

二、绑定教师账号

在右下角选择"账号管理"，在弹出的窗口中输入教师的账号和密码，单击绑定键绑定教师账号。

三、作业管理

单击作业管理，可以用手机给学生布置作业、对主观题进行批改和查看统计分析（如图5-46、图5-47）。

图 5-45　微信公众号界面

图 5-46　作业管理栏

图 5-47　主观题批改试卷选择界面

四、作业批改

主观题批改：可以单击主观题批改进入主观题批改界面，选择需要批改的作业进入作业批改。设置学生、题目和排序，单击"打分"进入题目批改（如图 5-48），再单击学生的作业进入作业批改画面。选择"笔" ✏️ 在作业上批改，选择"前一步" ◀ 撤销操作，选择"取消" ✖️ 放弃批改，选择"确定" ✔️ 完成批改。批改过程中可以配合"放大"和"缩小"显示（如图 5-49）。

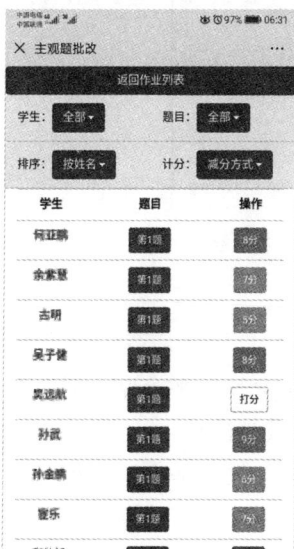

图 5-48 主观题批改学生选择界面

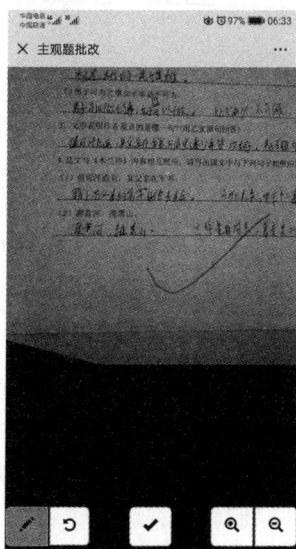

图 5-49 主观题批改界面

五、师生互动

单击"师生互动",可以用手机对个别学生的提问进行个别回答,可以对多数学生的问题进行集体辅导,也可以单个选择学生进行师生互动(如图 5-50)。

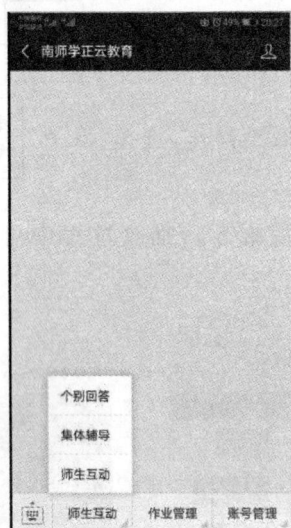

图 5-50 师生互动栏

📖 思考与讨论

1. 结合教学设计,利用智慧课堂教学平台制作一个教学课时,并简单说说设计的理念和基本教学流程。

2. 以小组为单位,利用智慧课堂教学平台进行课堂教学展示并录制教学视频。

第六章

展望与规划

作为教师该如何应对未来的教育信息化

第一节　树立危机意识
——把握信息时代的教师角色定位

随着教育改革逐步深化,教师职业"终身制"的打破已成未来的必然趋势。教师队伍"能进能出""能者上庸者下"的竞争机制已呼之欲出,更多的挑战将逐步到来。一位教师如果放弃了忧患意识,放弃了敬业精神,放弃了对自身可持续发展的追求,那么其必然在时代的潮流中被淘汰。在一些调研中,不少教师吐露了信息化时代下的担忧:随着现代教育技术手段的快速发展,电子计算机、人工智能可能会代替教师进行教学,那么我们这些教师将何去何从? 难道这个时代真的让我们下岗吗?

答案很简单,教育信息化革命取代的不是所有教师,而是教师中不懂得运用信息技术手段进行教学的教师。现代教育手段再先进,也无法替代教师这个职业。《礼记·文王世子篇》曾言:"师也者,教之以事而喻诸德者也。"承载着立德树人之重任的教师在任何时代都不会消亡。道理很显然,教师作为"人"的存在,他熟悉自己的学生;教师和学生长时间打交道,学生有机会发现和认识教师所具有的崇高品质和人格魅力,进而实现精神、情感上的诸多交流。与此同时,人工智能也给学生的学习带来一定的负面效应。如:机器易弱化人的潜能、机器易引发错误的世界观、媒体易疏远人与人的距离、媒体的信息呈现方式易干扰学习、机器容易抑制人的个性发展、目标化教学破坏了教育的整体性等等。① 教师作为一个有温度的职业,"温度"这个特性是任何人工智能技术都无法替代的。所以,教育信息化时代的到来不是教师职业的消亡,而是教师角色转型的机遇。

---

① 周宗伟.关于教育技术的人文反思[J].电化教育研究,1999(4):8-13.

📖 **阅读材料:6-1**

材料一

关于全面深化新时代教师队伍建设改革的实施意见(节选)

贯彻实施卓越教师培养计划2.0,大力推动师范教育人才培养模式转变。建立师范教育专业联盟,优化师范生培养方案,突出模块化、选择性和实践性的教师培养课程。改变单一的讲授模式,注重采用案例教学、观摩教学、问题研讨、模拟练习等多种教学方法。实施"互联网＋教师教育"创新行动,普遍提高师范生使用现代教育技术的能力,主动适应信息化、人工智能等新技术变革。

材料二

联合国教科文组织提出的教师角色转换的一般趋势[①]

联合国教科文组织成员向国际教育局提供的报告中,指出了教师角色转换的一般趋势。第一,在教学过程中,教师应更多地履行多样化的职能,更多地承担组织教学的任务。第二,教师应从一味强调知识的传授转向重视组织学生学习,并最大限度地开发社区内部的新的知识资源。第三,教师应注重学习的个性化,改进师生关系。第四,实现教师间更为广泛的合作,改进教师与教师的关系。第五,教师应更广泛地利用现代教育技术,掌握必要的知识与技能。第六,教师应更密切地与家长和其他社区成员合作,更经常地参与社区生活。第七,教师应更广泛地参加校内服务和课外活动。第八,教师应削弱加之于孩子们身上——特别是大龄孩子及家长身上的传统权威。

---

① 宋广文,苗洪霞.网络时代教师角色的转换[J].教育研究,2001(8):42.

一、动态的学习者和研究者

据英国技术预测专家马丁测算，目前人类的知识每年都呈倍数增长，"一劳永逸"的知识已经基本不存在了。在教育信息化时代背景下，教师能够从重复性的劳动中解放出来，他们能够花更多的时间、精力去设计教学过程，收集、编写、制作各种教学资源供学生学习。在新的时期，教师必须通过各种交流平台，积极利用相关技术手段，诸如网易云课堂、百度云盘、微信公众号等，与各类教育专家合作，与教育技术工作者合作，这样才能设计出既符合学生学习规律，又新颖独到的教学资源。在现代教学中，计算机、网络技术使教育具有了广泛的交互性，教师和学生不再受时空束缚，可以随时随地进行沟通。当然，在这样的合作团体中，教师不再处于控制地位，而是和学生一样，也是团体中的成员，教师能够通过网络等现代化的通信手段与学生进行正式或非正式的交流，与学生共同学习。教师在信息化时代更多的是一个学习者，需要提醒的是，现代教育技术把教师从重复性的劳动中解放出来，但并不意味着可以沦为技术的附庸。有学者认为，在肯定信息技术促进教师专业发展的同时，教师也必须充分注意到信息技术对专业发展的负面作用和影响。不能片面夸大信息技术的作用，更不能滥用和过分依赖信息技术。只有充分认识信息技术的利弊，真正发挥好信息技术的作用，教师才能在专业领域快速成长。①

----

① 张建兰.现代信息技术对教师专业发展的负面影响[J].中国教育信息化，2012(24)：17-19.

📖 阅读材料:6-2

　　现在,每一学科都已经形成网络教育资源库和各自潜在的教学模式与规则,但存在滥用信息技术(如直接使用网上课件、题库等)等问题,导致课堂教学一味模仿,缺乏应有的灵气和创新,抹杀了教师的个性。教师不像以前那样刻苦奋进、执着创造、默默研究。教师自己都希望别人对自己是授之以鱼,又怎能在课堂上对学生授之以渔呢? 这不仅是单方面对教师专业成长的危害,也是对学生的危害、对整个教育的危害。为此,教师在收集教学资源和借鉴学习的同时,不能一味地跟在别人的后面照搬照抄,否则永远不会有独特的思想和建树,更不可能成长为一位名师。网络资源虽然为我们提供了广阔的素材,但如何利用这些素材依然需要教师根据实际进行设计和编排,毕竟只有贴合教师个性和学生特点的教学才能使课堂充满生机和情趣。

　　苏霍姆林斯基曾说过:"如果你想让教师的劳动能够给教师带来乐趣,使天天上课不至于变成一种单调乏味的义务,那你就应当引导每一位教师走上从事研究的这条幸福的道路上来。"在传统教学中,教师只是严格按照课程计划,忠实地向学生传授课本知识。教师极端依赖教科书和教学参考书,很少主动思考、分析教学过程中出现的问题,并不重视自身的研究能力、问题解决能力。而今,在信息时代,多种通信手段,特别是网络技术彻底突破了人际沟通的时空界限,能够支持各学科、各地区的教师及研究者展开交流、合作。教师要能够充分利用现代信息技术,努力构建一种新型的合作关系,对课堂教学进行研究、反思和调整。

📖 **阅读材料:6-3**

远程视频教学,是一种新型的面对面视频教学方法,它也呈现出一些独有的优势,如成本低、便捷性强。远程视频教学只需有网络就可达到无距离沟通。另外不少视频会议设备不单单提供面对面的视频沟通,还具有实时互动、网络课堂、课件点播、考试系统、互动答疑、后台结算和管理功能。但是如何将这些技术与日常教学相结合呢?这需要教师主动研究和探索。事实上,20世纪70年代斯滕豪斯(L.Stenhouse)提出的观点受到越来越多的人认可,斯滕豪斯从课程实施的角度首倡"教师作为研究者"的理论。在课程改革中,教师应以研究者的形象出现,把每一间教室都变成新课程的实验室。在信息技术不断变革教育的当下,教师更要主动拥抱技术,成为信息技术的应用研究者,积极探索相关的技术如何运用于教学,只有这样才能真正走向教育信息化 2.0 的融合创新。

二、学生学习的促进者和技术顾问

新课程改革适应了信息网络时代的学习需求,倡导学习方式由接受式学习转变为创造性学习。在这个过程中,教师的角色不再是知识的唯一传授者、组织者,而是学生学习的促进者,其主要职责在于激发学生的学习兴趣,努力促使学生将学习内容和已知事物相联系,帮助学生建构所学知识的意义。所以目前教学重心已从"怎样教"转移到"怎样学"上,那么教师该如何应对呢?一方面,教师可以充分利用现代教育技术媒体,拓展教学方式和方法,积极探索"探究式教学""发现导向教学""情境教学"等教学模式与信息技术结合的方式,使学生变被动接受知识为主动获取知识;另一方面,在教学的过程中,教师要有意识地去培养学生的信息素养,提高学生运用信息媒体获取知识的能力,使信息媒体不仅仅成为教师教学的工具,还能成为学生获取知识的有效工具。

在新的学习环境下,随着各种技术手段的引入,教师不仅要储备大量关于信息技术教学的知识,还必须具有能够解决课堂技术问题的能力。例如,在某市的一节公开课上,教师要求学生在 10 分钟内按照要求在学生平板上做题,但是 10 分钟过去了,只有少数学生在平台上上传了答案。面对在后排听课的十余位教师,这位教师面露尴尬地询问道:"其他人的答案呢?"有一位学生回答道:"老师,这个平板(学生答题的工具)怎么保存答案?我没写完退出来后,之前的答案就不见了,还需要重新写!"后来这位教师和学生为了研究"答案怎么保存"的问题,整整花费了 5 分钟左右,最后草草收场。无疑,这是一节失败的信息化公开课。失败在哪里? 在于信息化教育本身吗? 不,是失败在教师没有做好学生技术顾问这个角色,没有做好及时为学生解决学习工具的技术问题。如果教师还是认为课堂教学工具是由书本、戒尺和粉笔等简单的教学工具组成,那么,这也未免太过"迂腐"。

📖 阅读材料:6-4

课本正在变得过时①

比尔盖茨:我读过很多教材,但作为学习的一种途径,教材的作用有限。即使是最好的课本,也判断不出哪些内容已经被学生理解,哪些内容还需要辅导。课本肯定也没法告诉老师,学生把昨晚布置的阅读掌握到了什么程度。

---

① 比尔·盖茨 2019 年度公开信:意料之外[EB/OL].(2019-03-01).https://www.jiemian.com/article/2907804.html.

但在软件的帮助下，单纯依赖课本学习的模式即将成为过去。假设你在学高中代数，过去你要阅读课本上关于解方程式的章节，但现在你能在网上阅读文本，观看引人入胜的解题演示视频，通过做游戏来强化概念理解，然后在网上做几道习题。最后软件还会针对你没能完全掌握的知识点出几道新的测验题。

"简而言之，我们已经具备重新设计高等教育的工具，使之满足当今学生的需求。"

这些手段是对教师工作的补充，而非代替。教师能够通过信息丰富的报告了解学生读了哪些书、看了哪些视频、做对了和做错了哪些题，以及还有哪些地方需要辅导。

第二天上学时，教师已经充分了解学生的学习情况，并有针对性地提出建议，让共同学习的时间产生最大的效果。

在以往的年信中，我介绍过这类软件，当时更多还停留在设想阶段。但现在美国从幼儿园到高中，已有成千上万的课堂采用了这些工具，以 Zearn、i-Ready 和 LearnZillion 为代表的数字化课程软件在全美师生中得到了广泛应用。

我资助的一款免费数字化课程"大历史"（Big History）在美国三千多所学校中教授，它能通过软件对学生的书面作业给予实时反馈。

接下来呢？和所有软件的开发过程一样：对现有产品收集海量反馈，采集有效数据，并进行改进和优化。

目前有越来越多的州和地方政府树立了在当地学校运用数字化课程软件的信心。我希望这一势头能够带动更多的大型教材出版商，它们目前在推出这些工具方面依旧行动迟缓。

至少到目前为止，我还没听到任何人怀念自己又重又贵的课本。

梅琳达：除了配合学生的学习进度，在线工具还能催生新的教学方式，根据学生特点因材施教。

步入 2019 年，典型的大学生不再是过去的样子：大家一起住宿舍，每年找个暖和的地方休春假，然后四年后毕业。目前美国有近半数的大学生年龄在 25 岁以上；超过一半的大学生有工作；超过四分之一的大学生有孩子。

这些"非传统"的大学生往往缺乏时间和资源，无法有效适应针对广泛需求而设计的、低效僵化的学习环境。这也是五分之二的大学新生很快退学，或者完全辍学的一大原因。

数字化学习工具能够提高大学教育的经济性、便利性和有效性，从而帮助学生克服这些挑战。

一项研究表明，使用开放课件能为学生平均每门课节省 66—121 美元。（整个学年算下来，最多能省 1 000 美元，这对继续上学还是辍学能起到决定作用。）

另外一项研究发现，用数字化工具学习入门课程的学生成绩好于用传统方式学习的学生。当然，这些学生也有更大的灵活性。他们不用在固定时间出现在课堂里，这对于那些需要兼顾工作和赚钱养家的学生来说意义重大。

总体来说，学生能用更少的钱、更方便地学习，并取得更好的学习效果。简而言之，我们已经具备重新设计高等教育的工具，使之满足当今学生的需求。

三、教学课程的设计者

教育家第斯多惠曾说过，"不好的教师是传授真理，好的教师是叫学生去发现真理"。而教师设计教学课程则是激发学生发现真理的前提。教师作为课程或整套课程体系设计者的角色在传统教学中也存在,但在信息时代新型学习环境下,作为课程设计者的教师的主要作用已发生了显著的变化。

在教育信息化时代,教师要能够利用各种多媒体技术,为学生设计并开发有意义的课程活动,既符合教学要求,又暗含着新、旧知识的联系线索,从而协助学生理解当前所学的知识,并整合到学生原有的知识框架中去。而这也对教师的信息技术应用能力提出了更高的要求,所以,教师需要充分发挥主观能动性,反复实践、不断总结。如在中学的一节地理课上,这节课的教学要点是教授学生荷兰这个国家的风土人情及各种资源。按照过去的教学方法,有些教师的设计思路可能是直接把荷兰这个国家的主要情况用 PPT 或者小视频的形式介绍给学生,然后由学生进行补充。但事实上,现在的学生信息技术能力远比教师想象得要高很多。所以这位教师转换了教学思路,首先将学生分为若干个小组,然后抛出情景,说是某年某月某日,一位地理学家将要到达荷兰,请学生给这位地理学家介绍一下荷兰的情况,方便地理学家考察。果不其然,有些学生很快就完成了该报告,并且还有一些附属信息,比如当天的天气情况等。这位教师在不同小组中往复,了解每个小组的学习进度,并适当地给出一些意见。通过这种教学设计和教学方法,既锻炼了学生信息搜索的能力,又让学生可以根据自己原有的知识情况来组织新的知识,这远比传统的教学方法更加有效。

阅读材料:6-5

案例一　美国"沿着那颗星"学习案例

课程描述:这个专题学习要讨论的是美国内战前期专门帮助奴隶逃跑的秘密组织———地下铁路问题,它对于理解内战时期歌曲、绘画等具有重要意义。

适用的年级：4—8 年级。

时间安排：用大约 2 到 4 周的时间，包括每个班级每周两次到媒体中心。

教师要先准备：(1)唱片或光盘集，了解各个有关的因特网站点。(2)教师角色的配合与协调：电脑教师收集所需的资源，教授调查研究的技能，帮助学生鉴别和查找资源材料，并提供指导；课堂教师引入单元，描述计划和相关的活动，评价学生的作品；艺术教师在艺术课内为计划和教学的进行安排一定的时间，并为手工艺和评价计划提供材料；电脑教师和课堂教师帮助个别学生调查和计划，并评价完成的作品。而对学生而言，教师要在方案实施前教他们在电脑室里使用电子百科全书，并让他们了解基本的因特网搜索和查询技能。

教学过程方案的具体实施主要围绕三个内容展开：圣歌、艺术作品和音乐。

(1)圣歌部分主要由社会学科教师、语言艺术教师主持教学活动。教学过程：学生阅读和听歌词，讨论歌词的相关含义，并可在因特网上查找歌词的背景。学生还可以组成小组，每个小组选择一首圣歌并进行表演，或者自己创作一首圣歌。

(2)艺术作品部分由艺术教师主持。学生在相关的网站观看油画，查看作者的传记信息。教师向学生提出有关问题来进行讨论。还可以让学生通过因特网查看非洲艺术作品，观察作者最初创作的油画，选择一个作品，根据它来编写故事。

(3)音乐部分由音乐教师主持教学活动，指出不同音乐的影响和流传方式。让学生写有关的音乐报告，包括这种音乐的历史，主要的音乐家以及对音乐的讨论。听歌后让学生设想怎样创作唱片集。这也可以通过查询因特网进行活动。

案例二　日本"宇宙中的太阳系"学习案例

2004 年火星到达 6 万年中最接近地球的位置,媒体对此进行了大量的宣传。日本仓敷市立黑崎中学教师稻田修一借助这个机会结合初中三年级的理科课程"宇宙中的太阳系"进行了教学设计和实践。

教学目标

1.利用网络连接专门设施召开视频会议,和专家以及其他学校一起进行通信教学,加深学生对知识的好奇心和探求欲望,培养学生的表达能力。

2.通过对网络的灵活运用,扩大学生的学习场所,提高学习质量。

3.通过在网上讨论火星的运动特征和聆听天文专家的讲解,了解火星公转与地球的位置关系。

学习活动流程

1.观察火星(暑假)。用肉眼观察火星,将其特征与方位填到记录表中;访问科学中心,用大口径望远镜观察火星,同时将照相机与摄像机置于三脚架上对火星进行拍摄。

2.调查汇总有关火星的资料。利用 Internet(因特网)、报纸、杂志等资料,研究火星今后的预想轨道以及与地球的位置关系。

3.科学中心、仓敷东中学、黑崎中学之间进行网络视频会议,互相分享资料,发表看法,提出问题等等。

备注

1.共同研究者:仓敷科学中心,天文工作人员楠原徹先生,仓敷市立东初中,金田雅彰老师。

2.主要使用的器材:笔记本电脑 2 台,DvcommXP,三元中继系统,DVTS,投影机,数字摄像机,麦克风,USB 照相机。

四、促进学生发展的评价者

无论是传统教育还是现代教育,我们都习惯通过考试来判断学生的学习结果。教师通常用分数来判断学生对某种知识的掌握程度,师生之间缺乏真正的沟通与反思。在教育信息化的时代下,教师除了扮演传统的"试卷批改人"外,还要做好促进学生发展的评价者,尤其是要关注即时性评价。即时性评价的目的是为了及时调整学生的发展状况,从而给予适当的指导。当然我们并不否定总结性评价的重要意义,即时性评价恰恰是在总结性评价的基础上展开的。教师必须明确现代教育评价强调的是学生个性的发展,所以教师必须能够利用各种多媒体技术对学生的学习情况进行动态的、全方位的把握。与此同时,教师更应该与学生进行互相评价。如上文提到的地理公开课,随着信息技术的发展,学生已经能够轻松地掌握搜索信息的渠道,在某些方面甚至超越教师,完全可以通过评价教学相长。比如教师可以用问卷的形式,征求学生对教学的意见,进而调整自己的教学内容与形式,实现自身的发展。

📖 **阅读材料:6-6**

在新的时代背景下,教师的功能将发生变化。我认为,在未来,以下六种类型的教师最受欢迎。

一是"缺点转化师"。不同的孩子有不同的特质与特点,有些特点可能被我们定义为缺点,比如好动、调皮。但是,这些"缺点"可能在某些地方和时机就变成了优点,甚至闪光点。所以,教师应该善于引导。

二是"综合评价师"。要把每个学生看作一个整体的人，给予恰当的综合评价，因为每个人既有优点，又有缺点，是独一无二的。不是只有成绩好才是好孩子，而应该帮助孩子认识他自己，从而促进他的个性化发展。

三是"私房菜厨师"。也就是说，教师要帮助学生找到他自己最爱的那盘"菜"。什么是个性化？就是你喜欢吃萝卜，他喜欢吃青菜，要根据每个人的需要去选择最适合自己的东西。这就是因材施教，教师要有针对性地为每个学生提供帮助。

四是"实践动议师"。学生的能力是从实践和活动中锻炼出来的，所以，教师要努力帮助学生成为各种社团组织的组织者、策划者和实施者，让每个人在社团里找到自己的乐趣，让每个人都能表现自己。

五是"心灵按摩师"。现在学生遇到的心理问题越来越多，怎么办？首先，教师要去关心、了解学生；其次，教师只有掌握一定的心理学知识，才能和学生进行沟通与对话。所以，"心灵按摩师"就是要成为孩子的伙伴，帮助孩子健康地成长。

六是"智能协作师"。随着大数据、人工智能等技术的发展，未来的教育形态将演变为人工智能与人类教师共同协作进行教学。因此，学习、接受、使用人工智能，这是对教师提出的一项新要求。①

---

① 袁振国.未来的教育，需要你重新想象[EB/OL].(2019-04-04).http://www.sohu.com/a/305927011_740895.

第二节　提升 ICT 能力自主发展意识
——做好教师自身发展规划

教师的信息化能力专业发展是一个阶段性、持续性的动态过程。但就目前而言，不少教师仍然处于被动地位，其主观能动性还没有得到充分的发挥。事实上，教师能否具备持续发展的自觉意识往往是教师能否获得成功的根本所在。为此，教师必须明确专业发展的价值和意义，自觉主动设计专业发展规划，并在与学校组织发展的互动过程中持续提升自身的 ICT 能力。具体可以从以下几个方面进行。

一、树立自主发展意识，明确 ICT 能力发展目标

2005 年，佩吉·埃特默（Peggy A.Ertmer）在《教育技术研究与发展》上发表了《教师教学信念：技术整合的最后一道边界》一文。文章指出，教师的教学信念是技术与教学整合的最后一道障碍，也是技术无法发挥巨大作用的根源所在。[①] 目前国家层面已花费了大量的人力、物力去帮助教师搭建教育信息化的基础条件，然而遗憾的是，教师并没有积极接受这些技术。反观阿里巴巴的淘宝网，同样作为网络平台，为什么它能在根本不需要培训的情况下，使全民都能流畅地使用，并且每天都能保持极高的用户活跃度？如果从复杂程度来看，阿里巴巴的淘宝网功能模块远比一般的平台复杂，但我们依然可以自学掌握。Sugata

---

① Peggy A. Ertmer. Teacher Pedagogical Beliefs：The Final Frontier in Our Quest for Technology Integration？［J］. Educational Technology Research and Development，2005（4）：25-39.

Mitra 著名的"墙中洞实验"①，极富震撼力地证明了即使是 6 至
13 岁的孩子也可以通过自学掌握相关软件的使用。他们学会了
基本的 Windows 的操作，学会了浏览器的使用，学会了电脑绘
图、在线聊天、收发电邮、玩游戏、听音乐、看视频等等。这在某
种程度上证明了对于信息技术的学习而言，培训不是必需的，相
反对于信息技术的接受、探索、尝试才是实现 ICT 能力可持续发
展的关键。所以一方面教师必须要克服"帮、扶、靠"的被动、消
极思想，树立"自己探索、主动寻求"的新观念。另一方面，正所
谓"凡事预则立，不预则废"，作为教师，理应结合自己的兴趣爱
好、经历，同时考虑学校的教育信息化需求确定合适的 ICT 能力
发展目标。可以走小步子的原则，将目标进行逐个分解，慢慢过
渡，比如从简单的 PPT 制作、音频视频剪辑慢慢过渡到综合的
信息素养。在这过程中，教师要结合自己的能力和资源条件，将
个人的 ICT 能力发展与学校的教育信息化发展统一起来，达到
学以致用、以点带面的效果。

二、积极主动，寻求专家引领

信息技术促进教师专业发展具有复杂性、长期性和艰巨性
的特点，教师要有意识地、主动地寻求专家的帮助。特别是在专
业发展的关键时期，专家（特别是精通信息技术的学科教学专
家）在技术使用、学科教学理论等方面往往具有引领性作用。个
案研究表明，专家引领是教师取得专业发展突破的重要因素之
一，是否善于主动寻求专家引领是优秀教师区别于普通教师的

---

① Sugata Mitra 为了研究孩子的自学能力，在贫民窟的墙上挖了一个洞并把
一台优质电脑镶嵌到洞里，旁边配有触摸板，并且连接网络。这些孩子从未接触过电
脑，但是几个月下来，他们却学会了关于电脑的种种操作。具体可参见 https://
www.ted.com/talks/sugata_mitra_shows_how_kids_teach_themselves。

重要标志之一。教师获得专家引领的途径有:听专家学术报告、专家讲座,参加专家主持或参与的座谈会、跟进式个别指导、短期培训、学历进修、课题研究,加入专家主持或参与的学习共同体等。教师要充分发挥个人优势,展示个人特长,争取做到与专家合作共赢、各取所需。

三、交流合作,拓宽技术视野

交流合作已成为信息时代教师工作的常态,对于教师专业发展不可或缺。通过交流合作,教师要为自己的专业发展争取到必要的资源,营造有利的外部环境。教师要积极利用各种渠道,尤其是要利用信息技术手段与相关群体展开交流合作,包括领导、同事、同行、专家、教研员、学生及家长等。例如教师可以利用博客、微信公众号、虚拟社区、教师网联、QQ群等建立基于学习型组织的教师共同体,互相交流教学经验、技巧和专业知识、技能,进一步深化对信息化教学、新课改、技术使用等问题的理解和认识。美国对教师的ICT能力要求中,就明确指出要"能够突破校园围墙、语言文化等限制,实现全球范围内的交流、合作。具体要求为:通过应用诸如视频会议、在线交流或社交媒体等工具,能与全球各地的来自大城市抑或偏远乡村的教师、同行、专家建立在线学习社区,实现个人的职业发展"。与此同时,教师必须不断拓宽技术视野。当今时代,信息技术为教师提供了丰富的网络资源、良好的学习环境、多样的支持系统。例如,我国建立了各级各类教育信息网和教育专业网站,各大门户网站一般也设有教育频道,各学科专业协会和一些名师也建立了专业网站,其中许多网站有教师专业发展专栏。这就要求教师要做信息技术和专业发展的有心人,利用博客、案例库、电子档案袋、电子作品集等工具进行个人知识管理,建成自己的个人数字化资源库。同时也要不断积累新技术、新软件以及新的应用方式,比如讲授文科类课程时,可使用视频、声音、图像、文字、专题网站、CAI 课件等媒体。对于理科类,则可能用到几何画板、逻辑图、Flash 动画、网络课程、专业资源库和专用软件等技术。教师要不断拓宽技术视野,积累相关的软件,跟上时代的步伐。

四、持续的反思和规划

教师 ICT 能力的发展不是一蹴而就的事,而是循序渐进的过程。教师需要结合实际情况不断反思自身。这种反思包括对专业发展活动的评价、对目标的修订、对策略的调整和补充等等。美国心理学家波斯纳认为,"成长＝经验＋反思"。在教师学习与探究过程中,反思经验是影响教师专业化发展的重要因素。就目前而言,随着信息技术的发展,涌现了不少有助于教师反思的软件、平台、网站等等。博客是教师最常用的教学反思工具之一,是继 E-mail、BBS、ICQ 之后的一种新型的网络交往方式。博客作为一种生活化、大众化的社会性软件,技术门槛低、使用便捷,突破了个人主页的诸多局限,从而使任何有写作能力的人都可以在网上发表文章。博客不但为骨干教师群体,更为一般的教师群体在网上分享经验、撰写教育叙事和反思提供了可能。基于博客的实践反思就是教师利用博客这一网络平台,将自己对教学的理解、体会和感悟记录在博客上,与同行教师、专家分享交流,不断反思差距、调整自己,进而实现专业能力的可持续发展。

第三节　发展教师个人创新特质
——勇做时代的弄潮儿

教师能力是"教师专业能力的重要组成部分,教师创新能力对教师工作具有重要的指导作用和意义,尤其是在我国教育改革不断深入，创新教育成为教育主流的时代背景下，迫切需要一大批具有创新能力的教师"①。一个只知道"死教书、教死书和教书死"的教师，是教不出富有创造性或创造力的一代新人的。只有教师具有较高的教学创新能力，在日常的教学及生活中体现出创新精神，言传身教，学生才能耳濡目染，不断提升创新能力。教师不单单是教给学生知识的传道授业解惑者，更是指引学生探索之路的明灯。因此，培养创新型教师是培养创新人才的关键。从教育信息化的角度来讲，"只有具备创新能力的教师，才能创造性地使用信息技术，才能实现传统课堂的结构重组、流程再造"。创新能力的提升可以从以下几个方面入手。

一、树立创新意识

教师的创新意识指的是教师在教学创新过程中表现出来的态度、情感和价值观等多种品质。教师有没有创新能力首先取决于是否有强烈的创新意识，教师如果把创新扎根于心底，愿意一生为之追求，就会形成一种坚持不懈的精神、一种严谨治学的态度和一颗永不停止的心。曾经在某职业院校中，一位计算机教师自己动手开发了一个 APP，用于课堂教学评价。传统评价中，学生在教师和学校的压力下，只能对教师说好话，教师评价失真现象严重。基于此，该计算机教师利用自己专业的特长，设计了一款 APP，以一天为一节点，学生可以对某位教师某节课进行即时评价。这里并不是想突出这位教师的信息技术水平，而重点在于他的创新意识，即能从生活中发现问题，并不断优化。

目前教师对于信息技术教育的创新运用，存在一些误区。如认为创新就是把其他领域（尤其是信息技术领域）的新技术移

---

① 王永颜.教师专业发展与创新能力培养的途径与模式探析[J].成人教育，2013(9):40-42.

植到教育中来,代替教师的部分劳动。这种观点是对创新机械的认识,只有新技术符合教育的特点并且在教育实践中不断改进,才能真正发挥它应有的正向作用,"信息技术必须根据教育的需求,在具体的教育环境中被重新改造,才能真正融入教育关系中,成为教育的构成要素"①。所以教师必须改变这种单向的思维方式,认识到现代教育技术创新的实质是信息技术与教育的有机融合,是相互促进、相互改造,从而使教育具备技术的强大支撑,同时使信息技术拥有教育的人文关怀。

二、勇于接受新事物

1962 年,美国新墨西哥大学埃弗雷特·罗杰斯(Everett M. Rogers)教授研究了多个有关创新扩散的案例,总结出创新事物在一个社会系统中扩散的基本规律,提出了著名的创新扩散 S-曲线理论,如图 6-1 所示。罗杰斯的研究表明,在创新扩散过程中,早期采用者为后来的起飞做了必要的准备。这个看似"势单力薄"的群体能够在人际传播中发挥很大的作用。在罗杰斯看来,早期采用者就是愿意率先接受和使用创新事物并甘愿为之冒风险的那部分人。这些人不仅对创新初期的种种不足有着较强的忍耐力,还能够对自身所处的周围群体展开"游说",使之接受、采用创新产品。之后,创新又通过这些人继续迅速向外扩散。罗杰斯指出,创新事物在一个社会系统中要能继续扩散下去,首先必须有一定数量的人采纳这种创新物。通常,这个数量是人口的 10%—20%。创新扩散比例一旦达到临界数量,扩散过程就起飞,进入快速扩散阶段。所以是否拥有那一批具备创新特质的早期接受者,无疑影响着一项新事物在整个群体中扩散的速度和程度。而这启示我们必须培养教师的创新特质,即

---

① 赵慧臣.教育技术创新的本质和方式[J].电化教育研究,2012(1):13-17.

敢于接受新事物、尝试新事物的个人品质。如今,人工智能、大数据等技术改变课堂已是不可逆转的趋势。在这种宏观背景下,每个教师都应该是引领潮流的先驱者,而不应是阻碍新技术扩散的落后者、抵制者。

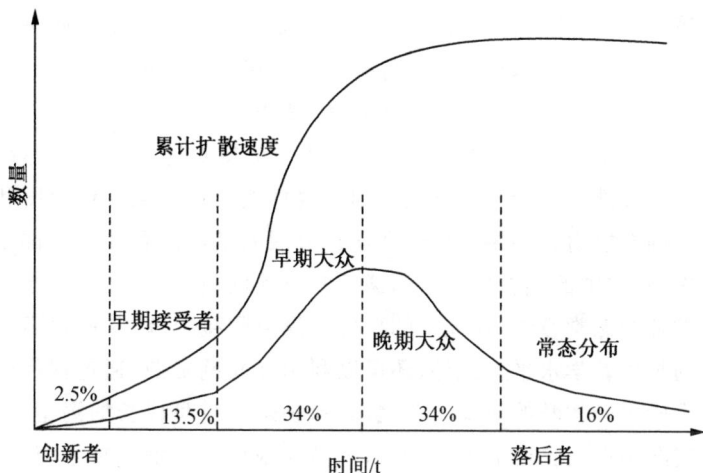

图 6-1　S-曲线理论

三、在实践中发展创新能力

教师的教学创新行为指向创新活动本身,所以仅仅具备相关的学科知识是不够的,更多的是需要日常生活中的实践,在实践中培养自己的创新能力。

首先,教师要培养自己的好奇心和兴趣。美国学者希克森特米哈伊建议:一是对世界保持开放的态度,每天都想办法让自己为一些事情感到惊奇。例如,看到某一位学生可以想想他有什么与众不同的地方;或者听到学生课间谈话也可以想想有什么新意,了解学生们的世界。二是每天设法让至少一个人感到吃惊。尝试说一些出乎意料的话,表达一些不曾表达的观点,或者改变一下自己的发型、衣着,都是有意义的。三是每天记下那些让你吃惊的事情和你让别人吃惊的方式,通过在纸上或者手机里做笔记、写日记等活动,把自己"眼前一亮"的惊奇体验尽可能长时间保持下来。四是当某件事突然激发自己的兴趣时,要持续跟进关注它。例如当听到一首歌、一句话或者看到一朵花、一篇文章后,感到自己被它所吸引,就要在百忙中挤出时间进一步关注它、探索它,让自己的好奇心像童年时那样释放。

其次,带着这种好奇心和兴趣去教学。这种教学形式不一定非要追求新颖或者独一无二,但必须保持对课堂管理的熟练度。这种熟练度会直接影响教师对教育教学工作的胜任程度和教师创新能力。如果一位教师连一节课的基本流程和目标都是模糊的,教师的创新能力从何谈起?与此同时,教师要多观摩其他教师的课堂教学,在他人的事件中汲取间接经验,从而提高自己的教育教学水平。此外,还可以利用互联网资源,通过现代教学手段提升教学的质量。总之,教师必须有自身成长的渴望,多在实践中发展自己的创新能力,多借助现代教育信息技术,掌握最新技能和教学手段,从而在教学生涯中留下诸多精彩的瞬间!

📖 思考与讨论

1. 结合培训所学内容,给自己学校校长写一封学校未来教师能力发展规划的建议邮件,内容包括:

(1)信息技术的发展及其对于教学变革的重要意义。

(2)信息技术与教育融合的关键点及其发展趋势。

(3)未来教师信息技术能力要求等。

参考文献

一、著作类

[1] 夏立容.信息时代与信息科学[M].武汉:湖北教育出版社,1998.

[2] 刘铁芳.教育生活的永恒期待[M].长沙:湖南教育出版社,2010.

[3] 肖成全,等.有效教学[M].大连:辽宁师范大学出版社,2006.

[4] 祝智庭.现代教育技术——走向信息化教育[M].北京:教育科学出版社,2002.

[5] 施良方,崔允漷.教学理论:课堂教学的原理、策略与研究[M].上海:华东师范大学出版社,1999.

[6] 斯卡特金.中学教学论[M].赵维贤,丁酉成,等译.北京:人民教育出版社,1985.

二、期刊论文类

[1] 赵永青.浅谈信息技术革命与社会变革[J].哈尔滨市委党校学报,2010(3):48-49.

[2] 邱永明,蒋振贤.信息时代特征与人才成长的变化[J].人才开发,2006(10):18-19.

[3] 李世东.论信息时代的六大特征[J].中国信息界,2014(9):72-78.

[4] 周洪宇,鲍成中.扑面而来的第三次教育革命[J].辽宁教育,2014(16):10-12.

[5] 黄荣怀,刘德建,刘晓琳,等.互联网促进教育变革的基本格局[J].中国电化教育,2017(1):7-16.

[6] 李和平,邱婷,钟志贤.论信息时代与教育的变革[J].外国教育研究,2005(11):12-16.

[7] 裴娣娜.对教育观念变革的理性思考[J].教育研究,2001(2):4-7.

[8] 鲁永进,黄秀娟."智慧课堂"对传统课堂教学模式的变

革[J].江苏教育,2017(28):29-31.

[9] 余文森.试析传统课堂教学的特征及弊端[J].教育研究,2001(5):50-52.

[10] 蔡苏,张晗.VR/AR教育应用案例及发展趋势[J].数字教育,2017(3):1-10.

[11] 马晓羽,葛鲁嘉.基于具身认知理论的课堂教学变革[J].黑龙江高教研究,2018(1):5-9.

[12] 殷明,刘电芝.身心融合学习:具身认知及其教育意蕴[J].课程·教材·教法,2015(7):57-65.

[13] 吴安艳,熊才平,黄勃.网络通讯环境下的师生互动变革研究[J].远程教育杂志,2011(3):60-65.

[14] 阮士桂,郑燕林.课堂数据可视化的价值与教学应用[J].现代远程教育研究,2016(1):104-112.

[15] 魏先龙,王运武.日本教育信息化发展战略概览及其启示[J].中国电化教育,2013(9):28-34.

[16] 张玮,李哲,奥林泰一郎,等.日本教育信息化政策分析及其对中国的启示[J].现代教育技术,2017(3):5-12.

[17] 尉小荣,吴砥,余丽芹,等.韩国基础教育信息化发展经验及启示[J].中国电化教育,2016(9):38-43.

[18] 任友群,郑旭东,吴旻瑜.深度推进信息技术与教育的融合创新——《教育信息化"十三五"规划》(2016)解读[J].现代远程教育研究,2016(5):3-9.

[19] 吴砥,邢单霞,蒋龙艳.走中国特色教育信息化发展之路——《教育信息化2.0行动计划》解读之三[J].电化教育研究,2018(6):32-34.

[20] 杨宗凯,吴砥,郑旭东.教育信息化2.0:新时代信息技术变革教育的关键历史跃迁[J].教育研究,2018(4):16-22.

[21] 丁钢.基于技术的教学:如何重新定位教师角色[J].现代远程教育研究,2017(3):44-45.

[22] 吴砥,余丽芹,李枞枞,等.发达国家教育信息化政策的推进路径及启示[J].电化教育研究,2017(9):5-13.

[23] 褚宏启.为信息技术找到灵魂[J].中国远程教育,2018(9):13-14.

[24] 丁钢.新技术与教学方式的转变——学校变革的核心[J].现代远距离教育,2013(1):5.

[25] 顾小清,祝智庭,庞艳霞.教师的信息化专业发展:现状与问题[J].电化教育研究,2004(1):12-18.

[26] 刘福满.论教师教育信息化建设[J].职业技术教育,2005(35):90-91.

[27] 教育部师范教育司马立司长就"教师教育信息化"答本刊记者问[J].网络科技时代,2002(9):2-4.

[28] 教育部关于推进教师教育信息化建设的意见[J].管理信息系统,2002(3):8.

[29] 王鶄.技术赋权视阈下的教育信息化反思[J].中国电化教育,2018(2):96-99.

[30] 杜占元.加快融合创新发展　让教育信息化 2.0 变为现实——在 2018 年全国教育信息化工作会议上的讲话[J].浙江教育技术,2018(3):3-11.

[31] 李欢冬,樊磊."可能"与"不可能":当前人工智能技术教育价值的再探讨——《高等学校人工智能创新行动计划》解读之一[J].远程教育杂志,2018(5):38-44.

[32] 龙丽嫦.中小学教师 ICT 技能培训评价体系的研究[J].中国电化教育,2012(4):64-68.

[33] 焦建利.网络时代教师必备之八项信息技术[J].信息技术教育,2007(1):54-57.

[34] 时燕妮,石映辉,吴砥.面向未来教育的新能力发展:ICT 素养内涵、演化及其启示[J].比较教育研究,2018(3):3-11.

[35] 张宝辉,张静.技术应用于学科教学的新视点——访美国

密歇根州立大学马修·凯勒教授[J].开放教育研究,2013(2):4-11.

[36] 张静.三重视角下融合技术的学科教学知识之内涵与特征[J].远程教育杂志,2014(1):87-95.

[37] 罗忻,吴秀圆.论 TPACK 视域下专家型教师培养模式的转变[J].现代教育技术,2013(7):9-13.

[38] 吴焕庆,崔京菁,马宁.面向数字教师的《ICT-CFT》框架与 TPACK 框架的比较分析[J].电化教育研究,2014(9):109-115.

[39] 张文.国外教师信息技术应用能力标准对比分析[J].中国教育信息化,2018(4):82.

[40] 唐科莉.为 21 世纪的数字化世界做好准备——澳大利亚《2014 年国家评估项目:ICT 素养报告》分析[J].世界教育信息,2016(3):50-54.

[41] 崔英玉,曲飞,高亚杰.韩国《教师 ICT 应用能力标准》参考与借鉴[J].中国信息技术教育,2008(4):13-15.

[42] 蒋艳红.英国 21 世纪教师 ICT 能力培养新发展[J].中国信息技术教育,2011(1):99-101.

[43] 秦玉友,赵忠平,曾文婧.义务教育教师教学工作时间结构研究——基于全国 10 省 20 市(县)的数据[J].教师教育研究,2017(4):39-45.

[44] 陈琳,王蔚,李佩佩,等.智慧校园的智慧本质探讨——兼论智慧校园"智慧缺失"及建设策略[J].远程教育杂志,2016(4):17-24.

[45] 丁旭,盛群力.有效教学新视域——"精准教学框架"述要[J].课程·教材·教法,2017(7):31-37.

[46] 盛群力.教学设计的涵义与价值[J].浙江教育学院学报,2008(3):45-49.

[47] 王竹立.新建构主义的理论体系和创新实践[J].远程教育杂志,2012(6):3-10.

[48] 周宗伟.关于教育技术的人文反思[J].电化教育研究，1999(4):8-13.

[49] 宋广文,苗洪霞.网络时代教师角色的转换[J].教育研究,2001(8):40-44.

[50] 张建兰.现代信息技术对教师专业发展的负面影响[J].中国教育信息化,2012(24):17-19.

[51] 王永颜.教师专业发展与创新能力培养的途径与模式探析[J].成人教育,2013(9):40-42.

[52] 赵慧臣.教育技术创新的本质和方式[J].电化教育研究,2012(1):13-17.

[53] Peggy A. Ertmer. Teacher Pedagogical Beliefs: The Final Frontier in Our Quest for Technology Integration? [J]. Educational Technology Research and Development，2005(4):25-39.

[54] Emanuel E J. Online Education: MOOCs Taken by Educated Few [J].Nature,2013,503(7476):342.

[55] Cox S, Graham C R. Diagramming TPACK in Practice: Using an Elaborated Model of the TPACK Framework to Analyze and Depict Teacher Knowledge [J]. TechTrends, 2009(5):61.

[56] Markauskaite, L.Towards An Integrated Analytical Framework of Information and Communications Technology Literacy: From Intended to Implemented and Achieved Dimensions [J].Information Research，2006(3):n3.

[57] Bawden, D. Progress in Documentation-Information and Digital Literacies: A Review of Concepts [J].Journal of Documentation，2001(2):218-259.

三、报纸类

[1] 张意轩."人工智能＋"时代来了吗[N].人民日报,2018-

01-29.

[2] 李世东.人类正迈入"六个第一"的信息时代[N].学习时报,2014-09-29.

[3] 程盟超.教育的水平线[N].中国青年报,2018-12-12.

[4] 王庆环."乔布斯之问"问出什么教育问题？[N].光明日报,2015-12-08.

[5] 恽如伟.智慧课堂实现"交互式教学"[N].中国教育报,2019-03-09.

[6] 恽如伟,戎年中.教育信息化语境下的"智慧教育"[N].中国教育报,2017-11-11.

四、其他类

[1] 都晓英.信息化教学:模式研究和案例分析[D].上海:华东师范大学,2001.

[2] 杨宗凯,吴砥.人工智能促进教育创新[EB/OL].(2018-11-20). http://epaper. gmw. cn/gmrb/html/2018-11/20/nw. D110000gmrb_20181120_2-13.htm.

[3] 颠覆"美国高考"! SAT、ACT 成绩将被"能力档案"取代 [EB/OL].(2018-02-24).http://www. sohu. com/a/223841828_808875.

[4] 智慧课堂助力教学改革,信息技术创新教学模式[EB/OL]. (2018-11-15). https://baijiahao. baidu. com/s? id ＝ 1617177604857573231.

[5] "国际教育信息化发展研究"项目组.国际教育信息化发展报告（2013—2014）[EB/OL]. http://sli. bnu. edu. cn/a/xiazaizhuanqu/guojijiaoyuxinxihuadongtai/list_85_3.html.

[6] 教育部.教育信息化十年发展规划（2011—2020 年）[EB/OL].(2012-03-13). http://www. moe. edu. cn/publicfiles/business/htmlfiles/moe/s3342/201203/xxgk_133322.html.

[7] 巩固成果 开拓创新 以教育信息化全面推动教育现代

化——刘延东副总理在第二次全国教育信息化工作电视电话会议上的讲话[EB/OL].(2015-11-19).http：//www.moe.gov.cn/jyb_xwfb/moe_176/201601/t20160122_228616.html.

[8] 教育部.教育部关于印发《教育信息化 2.0 行动计划》的通知[EB/OL].(2018-04-25).http：//www.moe.gov.cn/srcsite/A16/s3342/201804/t20180425_334188.html.

[9] 教育部.教育部关于实施全国中小学教师信息技术应用能力提升工程 2.0 的意见[EB/OL].(2019-03-21).http://www.moe.gov.cn/srcsite/A10/s7034/201904/t20190402 _ 376493.html.

[10] 教育部办公厅关于印发《中小学教师信息技术应用能力标准（试行）》的通知[EB/OL].http：//www.moe.gov.cn/srcsite/A10/s6991/201405/t 20140528_170123.html.

[11] 比尔·盖茨 2019 年度公开信：意料之外[EB/OL].(2019-03-01).https：//www.jiemian.com/article/2907804.html.

[12] U. S. Department of Education. Future Ready Learning：Reimagining the Role of Technology in Education. National Education Technology Plan （2016）[EB/OL]. https：//tech.ed.gov/files/2015/12/NETP16.pdf.

[13] Federal Communications Commission [EB/OL]. （2014-04-05）. http：//download. broadband. gov/plan/national-broadband-plan.pdf.

[14] U. S. Department of Education. Connected ED Initiative [EB/OL].http：//www2.ed.gov/edblogs/technology/connected.

[15] Office of Educational Technology. Reimagining the Role of Technology in Education：2017 National Education Technology Plan Update [EB/OL].https：//tech.ed.gov/files/2017/01/NETP17.pdf.